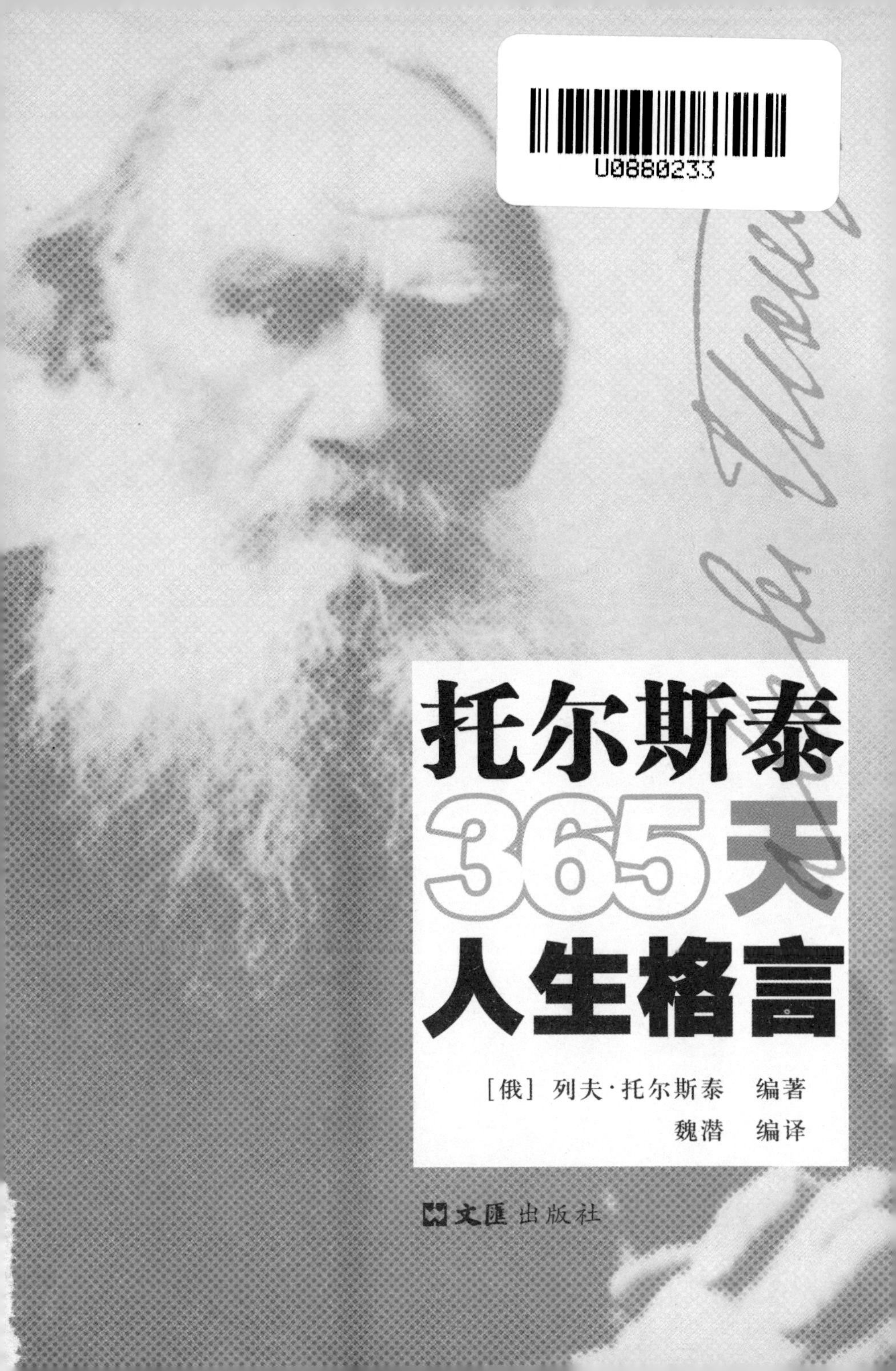



# 托尔斯泰365天人生格言

[俄] 列夫·托尔斯泰 编著
魏潜 编译

文匯出版社

# 编译者序

列夫·托尔斯泰是伟大的艺术家，同时又是伟大的思想家。在他漫长的一生中，他读过无数经典之作，从中汲取灵感。他读过的经典不仅包括东西方的宗教哲学典籍，如《圣经》和《老子》，还包括各种政治学、社会学、法学、伦理学著作。更为可贵的是，托尔斯泰还是一个勤于做笔记的人。到了晚年，他从笔记中把最合乎自己心意的格言挑选出来，并加上自己所写的格言，汇编成册加以出版，书名为《365 天格言录》。此书按一年 365 天的顺序编排，在每一天的名下有一组论题相同的格言。

本书是选译本。选译本保留了原书的编排顺序，只是在每天名下的每组语录中选出最精彩的一部分。因此，也可以说是原书的压缩本，虽然篇幅小于原书，但精华仍在其中。

托尔斯泰的思想博大精深，有关他的思想和研究著作可谓汗牛充栋。本书所选的格言虽然有些不是托尔斯泰本人所写，但就如前面说过的，它们是“最合乎他心意的”，或者说，是他所赞同的，因此本书从一个侧面反映了他的思想。这无疑是研究他本人思想的最好材料。此外，这些格言充满了人类的智慧和生活的教训，无论是涉世不深的青年，还是饱经风霜的老人，读之都能从中得到启迪。

魏　潜

2014 年 7 月于上海

# 编著者序

这里所收的格言，有些是我从经典论著中挑选出来的，有些是我自己写的。

有不少格言并非译自原文，而是从另一种语言转译的，因而不一定能充分体现原文的风格；另有一些格言则由于其他原因也不一定和原文一模一样；也就是说，我在长期思考过程中为求得意义的明确与统一，经常是一边挑选一边分类，因而不得不将某些词句删去，或者在极个别情况下，改写某些词句。

关于翻译不甚准确，以及有些选自某书或者某文的格言未附出处，我恳请读者原谅。至于由我翻译的部分，我希望读者有机会读到原文或者更为准确的译文。不过，重要的是我编著本书的目的并非要对原文作完全忠实的译述，而只是想借这些先哲们伟大而丰富的哲理来唤醒逐日阅读本书的读者内心美好的思想和情感。

我祈求读者能每天阅读本书，而且在阅读过程中能体验到我在编著过程中体验到的以及后来每次重读时仍能体验到的庄重之感。

列夫·托尔斯泰

1905年4月于雅斯纳雅·波良纳

# 目　录



## 一　月

## 二　月

## 三　月

## 四月

## 五　月

## 六　月

## 七　月

## 八　月

## 九　月

## 十　月

## 十一月

## 十二月

# 一 月

## 一日　读书观

知识贵在质不在量；我们宁可知道少量精选的东西，也不要知道一大堆半吊子的东西。

肉体上的毒素和精神上的毒素是不同的：肉体上的毒素大多有令人不快的味道，而报章杂志或者劣书中所含的精神毒素却往往是迷人的，而且越是迷人越是邪恶。

## 二日　人与信仰

最愚蠢的迷信之一是科学家认为人生可以没有信仰。

宗教的本质在于回答这样的问题："我为什么活着？""我周围的大千世界和我有何关系？"无论什么宗教，从最崇高到最愚蠢的，从根本上说都是要在人和世界之间建立关系。

## 三日　人生目的

知之者不如好之者，好之者不如乐之者。

——《论语》

人生最重要的问题就是：在我们被赐予的短短生涯里，是否完成了派遣我们到世上来的神所要求我们做的事？我们这样做了没有？

——《犹太法典》

如果我们认为人生的目的在于个人的幸福，人生将是多么无意义，多么叫人难以忍受！相反，只要我们认识人的传统、理性和心声，也就是说，只要我们认清人生是为了完成上天给我们的任务，那么人生将是一种永恒的喜悦——不是状态，而是进行的过程。

## 四日　世界的和谐

君子成人之美，不成人之恶，小人反是。

——《论语》

在我们这个世界，组织一千个人共同工作远比一千个人独自工作更有效率，但这并不意味着九百九十九个人就得成为第一个人的奴隶。

——亨利·乔治

每一个人都有他的重荷和缺点，谁都不能没有别人的帮助而生活。因此，我们应该用相互安慰、相互忠告或者相互警戒来相互帮助。

## 五日　言语的过失

刀枪之伤可治，人言之伤难疗。

——波斯谚语

听到有人在毁谤别人，不要随声附和。

别人在争论，只需侧耳倾听，不要加入。无论事大事小，都不要发火，也不要激动。发火是最不聪明的，对重大事情尤其如此。

因为发火会使人头脑发昏而乱了阵脚。

——果戈理

千万别让自己成为人类和谐的破坏者。要注意自己说的话会不会使人产生互不信任的恶劣情感。

## 六日　摆脱欲望

我们必须为行善而努力,但更需要为不作恶和克制自己的情欲而努力。

凡是蛊惑人心的东西,凡是大家都热衷追求的东西,是很少会给人带来幸福的。

——艾皮科蒂塔斯

## 七日　善心

对人保持善心是我们的义务。如果对人不善,由于我们的恶,也将挑起对方的恶。

和人相处时,无论遇到多么卑微、多么可怜又多么可笑的人,我们都应该尊重他们。我们必须认清存在于每个人内在的复杂情况,并由此发现在最高法则下的永恒不变的东西。当我们碰到最厌恶的人时,最好这样想:"是的,这世界免不了有这么丑恶的东西,宽恕他吧!"假如我们对他采取敌视态度,则不但会使我们自己陷于不义,而且会使对方拼命反抗。任何人都没法改变自己，每个人生来就有独特的性格、能力、气质和容貌。

——叔本华

## 八日　基督与佛陀

基督给我们的最后戒律表明了他的全部教诲："像我爱你们一样互爱吧。假如你们能互爱，所有的人就会明白你们是我的弟子。"基督只说"假如你们互爱"，而不说"假如你们信这个或信那个"。信仰随着经验或者知识的进步而进步。信仰和时间息息相关，它随着时间而变化。但是，爱和时间无关——爱是永恒不变的。

已经开始过灵性生活的人就等于把光带进幽暗屋子的人，黑暗即刻被驱散了。只要坚持这种生活，你们的内心一定能成为一个光明世界。

——佛陀

## 九日　独思

只有靠自己思想上的努力而非靠记忆力所获得的知识，才是真正的知识。

如果只是不断重复别人的思想，自己的思想就势必会停顿而萎缩。

——叔本华

运用心智所得的思想，或者至少能解开内心疑虑的思想，才是真正有生命的东西。只凭记忆所得而未经消化的思想，对我们的生活不会有深刻的影响。

## 十日　教育的基础

教育的艺术必须以对未来的计划为基础。教育儿童时要记住，我们教育他们并不是为了让他们适应现在的生活，而是要让他们适应未来状态下的生活，也就是要适应另一种具备不同条件的生活。做父母的通常只知道教育孩子成为现在有用的人，但只有做父母的知道要为人类的未来而教育孩子，这个世界才会有更美好的未来。

——康德

教育的真正目的不仅要使人行善，更要使人以行善为乐；不仅要使人纯洁，更要使人热爱纯洁；不仅要使人恪守正义，更要使人渴求正义。

——罗斯金

## 十一日　谦虚

缺乏谦逊便谈不上“完善”。

“我现在已经很好了，为什么还要更上一层楼呢?”如果是这样，自我完善就不可能达成。

常常想起自己的恶行吧！这有助于你不再行恶。但如果你常常记得自己的善行，很可能妨碍自己行善。

## 十二日　盲目的信仰

有人认为自己有权代替别人决定他们对神和宇宙的关系；有人则把这种权利交给别人而盲目信仰别人所说的话；大部分人属于后者。但无论是前者还是后者，同样都犯了错误。

有人说，所有宗教上的问题都解决了，所有宗教上的法则都建立起来了，于是就把自己托付给那些解决问题和建立法则的人，但追求这种愚蠢的满足，结果必然丧失探求智慧的热情和评价事物的能力。

——弥尔顿

## 十三日　信仰的意义

信仰是对人生意义的领悟，是对这种领悟所产生的使命的认识。

信仰乃良心与意欲之和谐，天地之理与意欲之和谐。

——中国佛教格言

## 十四日　人类与爱

世人或许认为自己是在为每天的生计而活着，其实我们都是为了爱而活着。如果人心中没有了爱，那么没有一个婴儿能够长大，人类也就没有了后代。

人人都为爱而活着，但只爱自己却是死亡的开始；只有对神和对人类的爱才是生命的源泉。

只爱自己喜欢的人，这种爱不是真正的爱。真正的爱是对存在于别人心中也存在于自己心中的那同一个神的爱。由于这种爱，我们不但会爱自己家里的人，爱那些也爱我们的亲人，同时也会爱我们的仇人。这样的爱，会比只爱我们的亲人更使我们感到喜悦。

## 十五日　认识神

出生和死亡是两个界限，而在超越这两个界限的地方存在着某种同一性，那就是神。

并没有“死亡”这种东西，有的只是我们已经经历的和将要经历的，而且是越来越好的经历。

心灵不会随肉体一起死亡；心灵里有某种永恒之物会留存下来。

——斯宾诺莎

## 十六日　人的不幸

世人只要还像现在这样生活，那么无论怎样的改革都无法使人类免于不幸。真正的改革不是生活形式的变化，而是善与理的普及。

屈从于不正确的信念（即假信仰）所提出的种种要求，是人类不幸的主要原因。

## 十七日　完成自我

一个人只要履行自己内心的使命，遵守自己心灵深处的神的法则，自然而然就会以最恰当的方式为社会生活的改善而效劳。

除非在内心生活中获得自由，否则是不可能在外在生活中获得自由的。

——赫尔岑

## 十八日　认识自己的使命

唯有知道作为一个人的使命并尽力去完成这一使命的人，才是真正的文明人。

学者是从书本上得知许多事情的人；有教养的人是懂得社会礼仪和善解人意的人；真正的文明人则是对人生意义有所领悟的人。

## 十九日　自我牺牲

若想改善人生，就得随时准备放弃人生——这一法则，无论对个人，还是对社会，都是适用的。

任何不作牺牲而想改善人生的尝试都是徒劳的；这样的尝试甚至会使人生的改善变得更加不可能。

## 二十日　心灵世界

有些人是从学理上认识神的，但这样很危险的，很容易陷于谬误。有些人则是从道德上认识神的，也就是从对神的信仰中去认识神。这样的信仰是真实而自然的，因为我们的最高道德行为就基于神的本性。

——康德

我们不能仅以探求道德生活为满足，还要探求有比道德生活更高的境界。

——梭罗

## 二十一日　真正该做的事

假如世人能少教训别人而多教训自己，世上的恶就会逐渐减少，大家也就能活得更加轻松，更加愉快。

注意，没有必要为自己的过失感到心烦意乱。没有比知道自己的过失更有意义的事了——这是最好的自我教育。

——卡莱尔

我们总以为眼睛看得见的事情——譬如盖房子、耕地、养家畜和采果子等——是最重要的，而眼睛看不见的精神生活总被认为是不重要的。殊不知，没有精神生活，其他事情都是毫无意义的。

## 二十二日　战争与杀人

一个人单独杀人是不允许的，那是被禁止的行为。一个人杀了人，他就成了罪犯，成了杀人犯；就是两个人、十个人或者一百个人杀了人，他们仍然是杀人犯。然而，换成了国家或者民族，就是杀了许多人也不会成为杀人犯，反而会被说成是英雄业绩。这是因为人多，有数万人参与的战争就不是罪行了。那么，要有多少人参与才行呢？这是个问题。一个人不能抢劫他人，一个国家抢劫另一个国家却是可以的。这到底为什么呢？为什么一个人、十个人或者一百个人不能杀人和抢劫，而数十万人倒反而可以为所欲为？

每个人身上都存在着相同的而且唯一的神性根源；因此，无论是个人或者大众，都不能去破坏这种神性根源和人的合一，也就是说，绝对不能剥夺人的生命。

## 二十三日　戒怒

我们经常会感到愤怒，而且并不想克制，因为我们总认为愤怒中有一种豪气。事实上，绝对没有这种事，愤怒对人毫无好处。我们应记住，愤怒不是强者的表现，而是弱者的表现。

愤怒会使别人受害，但受害最大的却是愤怒者自己。

不管在什么情况下，愤怒永远比引起愤怒的原因更加有害。

并不是会发脾气的人就是有大丈夫气概的人；事实上，唯有亲切和蔼、心地善良的男人才是真正的男子汉。

——奥里欧斯

## 二十四日　人生使命

真正的生活之路是狭窄的，因而只有少数人才能发现它。大多数人只知道走大路，而真正的生活之路却是仅够一个人通过的小路。所以，要想找到这条路，就不能随大流，跟着大多数人走，而是要跟随佛陀、孔子、苏格拉底和基督这样的人，走他们所走的路；因为他们是独辟蹊径的人，是我们真正要跟随的。

——马罗里

不管什么时候，当你开始探求真理时，你就开始了真正的生活；反之，当你停止探求真理时，你也就停止了真正的生活。

——罗斯金

重要的不是我们现在的处境如何，而是我们究竟朝哪个方向继续往前走。

——霍姆斯

不要让世人所追求的目标来左右你的行为，而应该听从你内心的声音，去完成你作为一个人的神圣使命。

## 二十五日　虚假的知识

懂得再多没用的东西，也不如有一点真正的智慧，了解一点人生之道。因为人生之道会引导你远离恶而走向善。反之,无益的学问和知识只会使你心存傲慢,妨碍你对人生之道的领悟。

一知半解或者误解,不如不理解。如果你以为天空是固体的,上帝就坐在上面,还不如对天空一无所知。

## 二十六日　谈富人

先得排除贪欲,才能行善。先得放弃获利之心,方谈得上慈善。如果先剥下一个人的衣服,然后穿到另一个人身上,这样的慈善不如没有,因为它反成了罪恶的根源。

——琐罗亚斯德

腰缠万贯的富豪大办慈善事业,可见这种人的生活多么残酷。

我们无法相信,一个人既利欲熏心又慈悲为怀。

## 二十七日　爱与幸福

对众生的爱会给人以真正的、难以动摇的、内在的幸福感,因为这样的爱使一个人和他人以及神连接在了一起。

睿智之人爱他人,不为一己之利而为爱之幸福。

——帕斯卡

真正的爱给人以无比的勇气、平和与喜悦,我们一旦体会到这种爱的内在幸福,就不会在乎世俗之爱所能给予的那种表面上的幸福了。

## 二十八日　服从内在的法则

若想领悟自由的法则，必须从肉体生活上升到精神生活。

我们活在世上的时间固然短暂，但必须服从永恒的人生法则。

——梭罗

## 二十九日　睿智

睿智不是某些非凡之人特有的，而是所有的人都不可缺少的，而且人人都能获得。

认识生活的使命并知道怎样去完成这一使命——这就是睿智。

要想认识自己，那就放眼看看他人。

要想认识别人，那就回头看看自己。

——席勒

所谓理解事物，就是指先进入事物，然后再从里面走出来；因此，我们需要的是被囚之后的挣脱、痴迷之后的觉醒和狂热之后的冷静。身陷其中而出不来的人，和从未陷入其中的人一样，也未真正理解事物。

——埃米尔

## 三十日　土地

大地是我们共同的母亲，她养育我们，供我们居住，让我们快乐，并温暖我们。我们从生下来的一刻起就落入了她的怀抱。而当我们为追求永恒之梦而惶惶不安时，她总是用温柔的拥抱来抚慰我们——大地和我们是多么密不可分啊！

所以，大地就如万能的神，属于所有在大地上劳作的人。她既不属于某一种族，也不属于某一时代，而为所有在大地上劳作的种族所共有，无论是过去、现在，还是未来。

——卡莱尔

任何人都没有资格说土地是属于他的。

## 三十一日　神与人

最专制、最暴虐的事，莫过于由几个人物制定宗教法规，然后强迫别人接受和服从，而且不允许有任何意见，任何批评。

先让自己成为真诚之人吧，然后以真诚之心把人们引向合乎人性的境界。

——歌德

真令人惊讶，不论在什么时代，最大的作恶者竟然都戴着为宗教、为道德或者为国家效力的假面具。

——海涅

# 二 月

## 一日　精神与物质

人的本质在精神之中，因此我们最该重视和思虑的是精神而非肉体。我们必须提高警觉，别让精神受到外界的污染，也别让肉体凌驾于精神之上。

——奥里欧斯

有精神生活存在的人把自己的注意力投向内心，努力探索自己的思想和感情，尽力使自己的生活合乎最高要求，也就是尽力使自己的生活充满自由、真诚和爱，尽力使自己的精神和致善致美的目的相一致。这样的人会不断追求真理，向往光明，因为精神生活不能没有理性之光，就如世界不能没有太阳一样。

——布加

## 二日　论死亡

对死亡毫无意识，和时刻意识到人人都在一步步走向死亡，这是两种截然不同的精神状态。

当我们从肉体生活走向精神生活时，确实会产生对死亡的恐惧。但是，当一个人完全过着精神生活时，这种恐惧也就不会有了。

只是茫然地想到死亡，那是无济于事的。重要的是要正视死亡，认识到死亡正在一天天逼近我们，同时又能恬静地、从容地活下去。

## 三日　行善

善之于心灵，就如健康之于肉体；当我们拥有它们时，它们并不引起我们的注意。

要默默地行善！行善绝对不是为了别人的赞赏——行善而唯有自己知道，这是行善的最高报酬；如能这样行善，喜悦也就在其中了。

## 四日　理性

唯有理性的宝库才会那么丰裕，越是和人分享，库量越是增加。但要建起这样一座宝库，却并非易事。

——德摩菲尔

当我们背离理性的要求时，自由也就随之消失，我们便会受情欲的摆布而不可自拔。只有凭借理性，我们才能得到真正的自由。

## 五日　思想

哪些事情无须考虑，哪些事情必须考虑，两者同等重要。

人不会因为生活状态的改变而改变；并不是物质上越得到满

足，人就会觉得越幸福；幸福来自人的心灵；因而，只有靠思想的力量才能使自己过上满意的生活。

——马志尼

从表面上看，思想是自由自在的；其实，在我们内心深处有一种比思想更强有力的东西，是它在支配着思想。

## 六日　征服欲望

为自己的欲望之强烈而自豪的人比比皆是，但为自己有克制欲望的能力而自豪的人却少而又少。

你们最好回想一下，你们过去热衷于追求的那些东西现在又怎么样了？即便不说已觉得讨厌，至少也不怎么在乎了吧？从中可以得知，你们现在所追求的东西，结果也会一样。

你们最好再回想一下，你们过去为了满足自己的欲望曾失去过多少东西？现在也一样，将来同样如此。所以，最好能克制自己的欲望，这在任何时候都是最重要的，也是最有益的。

## 七日　改善自己

自我完善既是内心世界的事，也是外部世界的事。一个人若不和别人交往，既不考虑别人对自己的影响，也不考虑自己对别人的影响，那是不可能做到自我完善的。

不管我的教育程度有多低，我照样能走上智慧之路。我唯一担心的是我会不会变得傲慢自负。至高的智慧就是心灵的率直，可惜大多数人不喜欢走直路而宁愿走弯路。

没有比一心想满足自己的物欲或者肉欲更有害于自己和别人了。反之，没有比一心想改善自己的精神生活更有益于自己和别人了。

## 八日　勿论人之短

论人之短，乃人之习。揭人之短，怒不可遏，遂入恶劣之状而不知。

——佛陀

毁谤他人会弄脏自己的嘴巴；说伤害别人的话会反过来伤害自己；贬低别人的人其实是在贬低自己。

——《犹太格言》

不可无故责难别人，更不可毁谤别人！只有这样，从你嘴里说出的话才会有真理的力量。

## 九日　战争的祸害

战争造成的物质损失无论多大也比不上另一种损失，那就是战争会使民众不辨善恶。

战争是一些最卑劣、最腐败的人为了争权夺利而弄出来的事情。

## 十日　认识自己

谦虚使人立场坚定，而唯有立场坚定的人，做事才会有始有终；反之，骄傲则会使人失去立场而变得脆弱无比。

一个人越是深入了解自己，就越会发现自己微不足道。要想成为圣贤，首先要做到什么？就是要谦虚。因为只有谦虚的人才能真正认识自己。谦虚会使人得到更大的智慧，对自己的弱点有更多的了解，而了解自己的弱点，即意味着力量的获得。

——柴宁

努力去认识自己吧！发现自己渺小并不可怕，可怕的是夸大自己。

## 十一日　神的法则

人生的幸福在于遵守神的法则。

义务观念和享乐观念没有共同之处。义务有它自身的法则和自身的判断。尽管我们想把义务和享乐结合在一起以减轻内心的痛苦，但两者随即就会分开；当义务观念尚未转变成行为时，两者或许可以混为一谈。然而，在现实生活中，享乐行为和道德行为却是势不两立的。

——康德

## 十二日　对永恒的信念

死亡正在等待着我们每一个人——这是确凿无疑的事实。然而，芸芸众生都好像没有死亡这回事似的活着。

我们常常想知道死亡和临死之际的情形，但这和想象神的形象一样是完全不可能的。我们只能相信，死亡和其他一切由神产生的东西一样，也是一种“神意”。

从未认真思考过死亡，也就不会相信生命的永恒。

## 十三日　宗教

宗教是一种所有的人都能了解的哲学，而哲学则是一种旨在于证明真理的宗教。

宗教是一种单纯的、直接面对心灵的智慧，而智慧则是一种理性所崇拜的宗教。

建立信仰和获取知识是两回事，知识教育有时反而不利于信仰的建立。

宗教能给哲学思考以启示，哲学思考则能给宗教以证明。因此，真正有宗教感情的人和真正有哲学洞察力的人都值得我们重视。

## 十四日　神的存在

神之心，深藏于人之心。

情与理是同一事物的两面，我们必须从这两面思考神的存在。

就如我们看不到人的心灵，我们也看不到神，但我们可以从神的创造物中看到他的存在。我们必须认识自己心中的神圣力量，这种力量既表现为心灵的创造力，也表现为我们对永恒、对理想境界的热情向往。

——塞涅加

## 十五日　真理是单纯的

有自然的单纯，也有睿智的单纯；前者令人爱戴，后者令人尊敬。

说出真理的话语往往不加修饰，是单纯的。

——玛歇林

巧言令色，鲜矣仁。

——孔子

感情到达最高境界的证明，就是单纯。

——达朗贝尔

所有矫揉造作、稀奇古怪的东西只是引人注目，唯有单纯才能真正使人亲近。

## 十六日　肉体与精神

人在年轻的时候思想肤浅，以为生活的本质是肉体。但随着年龄的增长，随着思想的深入，就会渐渐认识到生活的本源是精神，不仅自己的生活是如此，全人类的生活都如此。

我们经常会把肉体生活误认为真正重要的生活；然而，唯有抛弃这种自欺的想法，我们才能真正了解自己的使命，并尽力去完成这一使命。

## 十七日　真正的平等

人人都有权利享受自然所赐的恩典，因而人人都有义务尊重别人的这种权利。

有人说人人权利平等是不可能的，因为总有一些人比另一些人更有力气，或者更有智慧。但是，就如李希登堡所说，正因为有些人更有力气，或者更有智慧，权利平等才显得特别重要。因为人的体力和智力已经不平等了，如果还有权利的不平等，那就更意味着强者可以任意欺凌弱者了。

## 十八日　舍己献身

我们每一个人越是能超越“小我”，就越能显出我们内在的神性，因为神性每每是被“小我”遮蔽住了。

越是为自己费神，越是为自己着想，我们就越受到束缚而变得越软弱；反之，越是不为自己费神，越是不为自己着想，我们就越感到自由而变得越坚强。

如果能做到自我否定——否定自己的意欲，那么对什么事情都无所畏惧了。

## 十九日　谈勤劳

自以为可以不劳动而活着，这是一种罪恶。

没有比劳动更使人高贵了。不劳动，就失去了作为一个人的价值。饱食终日、无所事事的人之所以注重打扮，原因就在于他们很害怕别人看不起他们。

人有种种纯真的喜悦，劳动后的休息便是其中之一。

——康德

## 二十日　肉食的罪过

曾经有过人吃人的时代；后来，人虽然不再吃人，但仍然有吃肉的习惯。现在，人们正在放弃这种野蛮的习惯，逐渐采取合乎自然的生活方法。

有人认为，我们对动物的所作所为无所谓道德不道德——这种观点是错误的。有人虽然大谈社会道德，但又认为我们对动物并不负有道德义务——这种看法也是错误的。而就在这类错误中，表现出了人类的残忍和野蛮。

——叔本华

## 二十一日　“道与名”

所有用来说明神的言语都无法表达我们对神的向往。神赋予我们生命，他要我们每个人做的事情，我们无法用言语说明，只能心领神会。

道可道，非常道；名可名，非常名。

——老子

在我们内心，在天地万物间，有一种“存在”；这种“存在”不具形体，有人称之为智慧，有人称之为爱。其实，这种“存在”没有名称；它远在天边又近在眼前，但我们却无法把它说出来。

## 二十二日　社会生活

随着文明的进步，社会事务的处理和社会生活的改善已不再由少数人所能决定，而必须有全体社会成员的共同参与才行。我们不能把所有的社会事务都交给政府官员去管理，就如不能把政治和经济都交给大学教授去研究；普通民众必须对此加以思考，因为真正的实行者是普通民众。

——亨利·乔治

改革必须为民众而且由民众来完成。然而，现在的改革却为某一阶级所专有，而且只有他们能从中受益。这样的改革不过是用一种罪恶替换另一种罪恶而已，和民众毫不相干。

——马志尼

## 二十三日　真理的传达与认识

怀着善意说出的真理才能使人接受；否则，无论你讲得多么巧妙，多么正确，也无法把真理传达给别人。因此，要记住，如果你说的话没有为别人所接受，可能是你自以为说出的是真理而其实并非真理，也可能是你说出真理时缺乏善意——或者，两者兼之。

如果一个人面对真理而视若无睹，或者把谬误当作真理而不自知，那么这个人一辈子也不会知道自己该如何生活。

## 二十四日　祈祷

祈祷就是去认识和记取神的永恒的法则，并用这一法则来衡量自己的过去、现在和将来。若能经常这么做，你将受益无穷。

为祈祷而祈祷，不是真正的祈祷。

——《犹太法典》

祈祷不是为了消灾，也不是为了得福，而是为了从神那里得到力量来赎我们自己的罪。

——基督教格言

## 二十五日　慎言

无知之人最好是沉默，但知道沉默的人就不再是无知之人了。

——萨迪

说了等于白说，不如不说。

——阿拉伯谚语

人们为某事争论不休只是表明他们还没有弄清楚这件事。

——伏尔泰

在你说话之前最好先考虑一下自己想说的话有没有必要说，会不会伤害别人，千万不可一吐为快。

## 二十六日　富人少慈悲

只有牺牲自己的慈善，才是真正的慈善。

不知那些有钱的慈善家有没有想过，他们施舍给穷人的东西本来就从穷人那里获取的。

为富不仁，为仁不富。

——中国格言

## 二十七日　艺术

艺术是融合大众的一种方式。

无论多么精湛的艺术，如果背离道德而沉溺于自身的满足，那么就只能供娱乐之用；追求这种艺术以麻醉自己，固然能一时放松内心的压力，但这样做的结果却是使压力变得更大。

——康德

艺术和科学的可贵，就在于它们无私而公平地使所有的人都能受益。

——罗斯金

## 二十八日　生活的目的

我们都知道我们并没有以应有的生活方式生活，我们也知道我们并没有努力以正确的生活方式生活。我们承认我们的生活需要改变，而且必须改变——这固然很重要，但如果只知道自责，只知道抱怨现在的生活，却不是我们的目的。我们必须要有信心，相信我们的生活一定能改善，而要达到这一目的，首先要在我们的内心达到自我完善。

# 三 月

## 一日　谈死亡

活得最有价值的人，最不怕死。

——康德

没有真正活过的人，才真正怕死。

——波麦

死之所以可怕，是因为人们误认为人只有一个小小的肉体。

## 二日　神的意志

只有当个人意志和神的意志相契合时，一个人才会真正知道自己该走的路，才会理解自己和他人的关系。

我们或许不知道也无法知道自己为什么活着，但只要我们顺从把我们派遣到这个世界上来的那位神的意志，我们就已经做了我们该做的事，我们的生活就是幸福的。

## 三日　善行与报酬

对善的生活，还求什么报酬？行善时的喜悦就是最好的报酬。

行善而求报酬，那就等于没有行善。

有些人行善时总期待着别人酬谢；有些人虽不期待酬谢，但仍觉得别人应该感恩。然而，行善不应以此为目的。行善者不应该要求任何报酬，就如树上结出果子，只要有人来吃就心满意足了。唯有这样行善，才是真正的行善。

——奥里欧斯

行善令人喜悦，默默地行善更令人喜悦。

## 四日　暴饮暴食

人们不把饮食无度当成一种罪过是因为这件事没有损害他人。但是，一个人做有损自己的事情，也应该看作是一种罪过。暴饮暴食就是其中之一。

## 五日　人生一世

我们唯有在此生中认识人生；所以，人生若有什么意义，意义也就在此生之中。

仅为世俗目的而活在人群中，是不会获得平安的；仅为灵魂的不朽而孤独地活着，也不会获得平安；唯有既活在人群中又顺从天意的人，才能获得平安。

## 六日　对神的爱

对神的爱，就是对自我完善的爱；对自我完善的爱，就是对自我完善的努力；对自我完善的努力，就是人生的本质所在；因此，一个人时时都应该有意无意地保持对神的爱。

只有对永恒无限之物的爱才能为我们带来纯真的愉悦之情，而我们必须倾注全力才能达到这一幸福的境界。

——斯宾诺莎

## 七日　劳动

劳动是人生的必要条件。我们虽然可以靠别人的劳动而活着，但我们自身仍会有劳动的要求。劳动就是做必要的、合理的事情，而一个人若不劳动，就会去做不必要、不合理的事情。

人人需要勤劳，只有勤劳才能得福。若不教导孩子从小勤劳，就是教唆孩子去偷盗和抢劫。

——《犹太法典》

## 八日　祈祷

我们的信仰需要我们每天更新思想。面对日复一日的生活，面对日常琐事，我们的心灵会呆滞、混沌或者烦躁，此时唯有祈祷才能使我们保持平静。祈祷是心灵的镇静剂和滋补品，可以使我们在恢复平静的同时又获得勇气。祈祷就是重温在天之父的律令，重温我们的处世之道。

——埃米尔

独自闭门祈祷是件好事，而且是必要的。但更为重要的是，当你洋洋得意时，或者心存杂念时，或者焦躁不安时，你要在人群中默默地祈祷；你要在这一刻注视自己的内心，同时想到神——这才是最高境界的祈祷。

## 九日　战争是人为的

战争非但不是不可抗拒的，而且是一种彻头彻尾的人为现象。

如果有人丧失了意志力，不可抗拒地胡作非为，这个人就是个疯子，应把他关进疯人院里加以治疗；同样，如果有人说战争是不可抗拒的，这个人也是个疯子，也应该关到疯人院里去。

## 十日　万物一体

凡有生之物，皆避苦而求自保，故汝等要惜生而不可杀生。

——佛陀

每个人的幸福都是从他人那里获得的，正因为如此，每个人的生活都和世上所有人的生活构成一个整体。

## 十一日　结婚

当两个人觉得他们的心永远结合在一起的时候，也就是无论遇到怎样的艰难困苦都能彼此扶持、互相帮助的时候，即使在最后诀别之际都觉得两个人将永生永世互相结合在一起的时候，婚姻是伟大的。

——乔治·艾略特

两性的结合对每一个人来说都是非常重要的；同样，对全人类来说，因为关系到种族的延续，也是非常重要的；而且，因为这是一件非常复杂的事情，还很值得加以深入研究。

## 十二日　立即行善

人的生活是由他的行为所决定的；一个人的幸与不幸取决于他所做的事情；这是人生之道。所以，对每个人来说，世界上最重要的就是他现在所做的事情。

重要的不是善的理论，而是善的行为。

——《犹太法典》

现在所能做的善事不要等到以后再做，因为死亡是不等人的。人的一生是行为的结果，行为决定一个人活得有没有意义；这便是生活的法则。

——印度格言

## 十三日　睿智的条件

道德纯洁是睿智的先决条件，而睿智的结果则是心灵的恬静。

使我们失去平和的并不是不断变化的环境，而是永不满足的欲望。什么都想做的人最后会变得什么都不想做。所以，要做自己该做的事情。

一个人拥有睿智的最好证明，就是他能一直保持善良的心境。

——蒙田

## 十四日　素食主义

古老的素食主义被长期埋没后又为人们所重视了。不久的将来，像打猎这类残杀动物的娱乐活动也应该予以禁止。

当你看到孩子以虐待小猫小鸟为乐时，你会对他们说这是不对的，但你自己呢，却仍然在打猎、赛马，以残杀和虐待动物为乐，甚至还把动物的尸体摆在餐桌上。现在有许多人的行为就是这样自相矛盾。

## 十五日　爱你的敌人

爱那些爱我们的人，或者爱那些使我们觉得愉快的人，这是人人都能做得到的；但要爱我们的仇敌却只有爱神的人才能做到。普通人的爱很容易变为恨，但爱神的人却不会变；他们的爱，是任何事情、甚至连死亡都无法改变的，因为这种爱来自于神。

## 十六日　选择知识

知识是头脑的食物；知识对头脑的作用就如食物对身体的作

用，而且有时也会被误用或者滥用，从而使头脑得病。无论多么有益的知识，一旦泛滥成灾也会使头脑无法消化而变得有害。

——罗斯金

如果所有的知识都是真正的知识，那么所有的知识便都是有益的了。但事实上，错误的知识常被误认为真正的知识，所以在获取知识之前要严加筛选。

## 十七日　以宗教改善社会

没有共同信仰和共同目标的社会是无法存在的。所有社会活动都应遵循有益于人生的宗教原则。

——马志尼

一个好的社会，就是所有社会成员都向往真理的社会。

## 十八日　宽以待人

我们对别人的判断往往是草率的，因为任何人都不可能完全弄明白别人心里曾是怎么想的，更不可能弄明白别人将会怎么想。

多想想自己的不足，少指责别人的过错。

——东方谚语

我相信自己是善良的，别人其实也都相信自己是善良的。所以，不管我们了解不了解别人，善待别人总是不错的。

## 十九日 富者与贫者

富者靠贫者致富，却厚颜无耻地认为自己是贫者的恩人，这样的社会不管怎么说都是极不正常的。

富者的欢笑来自贫者的哭泣。

## 二十日 隐瞒与暴露

开启你的心灵，勇敢地生活吧！

——孔德

竭力想隐瞒的事情，几乎都是邪恶的事情，但隐瞒自己的善行，却是最大的善行。

## 二十一日 勿自夸

说自己谦虚的人绝非谦虚之人。

说自己无知的人往往知之甚多；说自己无所不知的人往往知之甚少；什么都不说的人往往是最聪明的人。

——威达纳

你可以指望别人说你好，但千万不要自己说。

——帕斯卡

## 二十二日　认识罪恶

既然要用正义来揭示我们自己的罪恶，那就要勇敢地面对正义，什么都不能隐藏；虽然我们的生活会改变，但正义是永远不变的。

随时准备把自己暴露在众目睽睽之下，时时都要光明磊落，任何隐瞒都是没有必要的；因为你瞒得了人，瞒不了神。

## 二十三日　苦恼

有苦恼才有长进；没有苦恼，生活是不会从一个形态进入另一个形态的，因为促成生活形态变化的就是苦恼。

没有苦恼，人既不知道自己的处境，当然也不会了解自己。

我们有必要深究苦恼的意义。苦恼使我们身处困境，但最后却为我们带来幸福。

——斯特拉霍夫

## 二十四日　神无定义

神是心灵的源泉，而且是无法用言语加以定义的。

有两种人知道而且敬畏神：一种是谦虚的人，不管他聪明不聪明；一种是绝顶聪明的人。只有自以为聪明、其实是半吊子的人才不理会神的存在。

——帕斯卡

## 二十五日　互助

常言说，一方有难，八方相助。确实，没有别人帮助，人是活不下去的。但是，帮助必须是相互的，因为所有的人都息息相关，无一例外。如果有些人在帮助别人，有些人只是接受别人的帮助，人生的平衡就遭到了破坏。

我们必须相互帮助，而且必须是自觉的。接受同胞的帮助不仅仅是付钱就够了，还要怀着感激之情以同样的帮助予以回报。

## 二十六日　信仰的演变

大众生活中最重要的变化是信仰的变化，而这种变化在现代生活中尤为明显。

人是一种永远需要学习的生物。有些人虽然死了，但他们所思考、所发现的真理却不会随之消失；恰恰相反，将永世长存。我们现在所有的，是先人留下的；我们一生下来就生活在先人的思想或者信仰之中，而我们也会不知不觉地为后代留下一些宝贵的遗产。

——马志尼

## 二十七日　真正的强者

如果你想做好事而不能如愿，不要灰心。如果你从高处跌落下来，就努力爬上去！人生总有苦痛，你要带着谦卑之心忍耐了再忍耐。要自觉地、无畏地坚守自己的信念！

真正的强者是敢于面对真理并随时准备牺牲自己的人，而不是那些因有权有势而战战兢兢地想保住权势的人。

## 二十八日　自己和别人

“了解你自己”——这是个基本要求。但你真的认为只要关注自己就能了解自己吗？这是不可能的。你只能通过你周围的事物才能了解你自己。你可以和他人比较，你有没有能力，但不要认为你的能力比他人强！你可以和他人比较，你有没有得益，但不要把自己的利益放在首位！要虚怀若谷，以尊重他人为先！

——罗斯金

三人行，必有我师焉。择其善者而从之，择其不善者而改之。

——孔子

憎恨罪恶，但不要憎恨人。

## 二十九日　节制与努力

用理性来控制感情——这就是自我节制。有位牧师说得好："这还算不上至善，但却是通向至善的必经之路。"

——约翰逊

情欲初来如蛛丝，日后却会变成扯不断的绳索。

情欲初来如生人，再来如客人，三来就成了你的主人。

——《犹太法典》

自我节制虽不能一蹴而就，却可以一步步地达成。人生的目的不是情欲的满足，而是情欲的抑制和消除；唯有时间能帮助我们达到这一目的。

## 三十日　善待他人

即使是伪善之人，即使是伤害我们、侮辱我们的人，我们也要善待他们。确实，要这么做很难。但无论是为了他们，还是为了我们自己，我们都必须这么做。

当你发现别人的过失时，要善意地告诉他错在哪里。如果他不接受，你就问问自己是不是真的很善意，而不要指责他；接着，就更宽厚、更亲切地告诉他错在哪里。

——奥里欧斯

## 三十一日　认清罪过

悔悟，就是承认自己的罪恶和缺失。悔悟，就是拒绝自己内心的邪念，以期心灵的净化。

善良之人也会犯错，若不认错，善良之人即不善之人。

——《犹太法典》

作为一个人，不但要意识到自己的局限，而且要意识到自己的局限是一种罪过，因为遵循神的旨意，这种局限是本不该有的。

# 四　月

## 一日　知识的领域

知识的领域广大无边，若想获得真正的知识，就得分辨什么是最重要的，什么是次要的，什么是最不重要的。

天文学家的观察和计算使我们懂得了很多东西，但最重要的是他们的研究使我们领悟到了我们的极度无知；我们在获得了诸多知识之后才理性地认识到人类知识实在有限。

——康德

## 二日　道德的生活

善的生活需要不断努力才能达成。

越是想逃避背十字架的痛苦，十字架就变得越沉重。

——埃米尔

要时时检讨自己的所作所为，漫不经心地对待生活是不可原谅的。

## 三日　死并非不幸

死并非不幸——死只是意味着“我”转变了形式而已，即个体融入了万物的本源。

人生是一场梦，死是大梦初醒——我们确实可以这样认为。

反之，如果我们未认识到这一点而活得有滋有味的话，死亡就成了一种可怕的毁灭。

——叔本华

让我们努力保持这样的状态：既不惧怕死，也不渴望死。

## 四日　人生是喜悦的

这个世界既非泪之谷，也非苦刑场。这个世界的生活是无比的喜悦——只要我们尽了义务，过该过的生活，便能享有无比的喜悦。

欣然活下去的主要方法，就是相信人本来就应该是欣喜的。如果你失去喜悦，那一定是哪里出了错。

## 五日　人不能不劳动

若要卑躬屈膝，不如失去生命；若要富人施舍，不如贫困。不到富人的那里去乞求，不对富人低声下气——这是最好的生活。

——印度格言

没有比勤劳更使人高贵了；一个人不劳动便失去了作为一个人的价值。

厌恶劳动的人，不是潦倒，就是犯罪。

## 六日　不断改善自己

我认为努力改善自己是最好的生活方式，而且也最能使自己觉得满意。我用我的良心保证，这就是我至今仍感到幸福的原因所在。

——苏格拉底

除了对外部世界作出判断，我们的认识能力还有更重要的作用，那就是自我认识，因为我们无时无刻不生活在自我认识之中。我们的幸与不幸主要不在于别人怎么对待我们，而在于我们自己怎么看待自己。

——马罗里

## 七日　以善报恶

以善报恶其实比以恶报恶更自然、更容易，也更富有智慧。

最大的幸福就是凭良心做人——这会使你把行善当作乐事。

## 八日　战争是一种罪恶

战争是为神所诅咒的，也为参加战争而有沉痛经验的人所诅咒。大地盼望天降甘露，因为人在上面流了太多的血。

——维尼

在战争这道帷幕后面，许许多多的民族，各种各样的人，都犯下了可怕的罪行，而这种罪行在和平时期简直是不可想象的。

——斯普林菲尔德

## 九日　一心求善

对善的爱和对永恒的信仰指的是同一件事。

我们的精神越得到发展，对永恒的信仰也就越坚定。只有当我们远离动物状态、摆脱卑鄙的私心和可悲的迷信时，我们才会对永恒坚信不疑，才会把我们的信仰引申为伟大的德性。换言之，当我们的精神豁然开朗之时，我们也就满心喜悦地进入了神的世界。

——马尔蒂诺

## 十日　走向更好的境地

现代人必须有这样一种共同的宗教意识，即：四海之内皆兄弟，世界的幸福建立在世界的和谐之上。真正的科学应研究如何使这种意识普遍适用于生活。真正的艺术应赋予这种意识以感人的形式。

目标越远，就越需要慢慢前行。不要急，但也不要停下来。

——马志尼

## 十一日　道德世界

消除了人心的邪恶，大大小小的恶行便会随之消失，就如砍断了树干，树枝无一不会落下。

——帕斯卡

人有两种生活：一种是凭良心做人，一种是昧着良心行事。有些人属于前者，有些人属于后者。但要从后者变为前者也有办法，那就是点亮自己心中的那一盏灯，并朝着它所指示的方向走。

## 十二日　神在心中

我在树林里看到一只甲虫在拼命地爬，想从我脚下逃开，这时我觉得自己是那么高高在上，而那只甲虫是那么微不足道——但我转而又想，我自己其实也像那只甲虫一样，在高高在上的上帝脚下拼命地爬。

——梭罗

要想理解神，就像用篮子打水——当你放下篮子时，水在篮子里，但你一提起篮子，水就不见了；同样，当你没想到神的时候，神在你心里，但是当你想用理智来理解神的时候，神就不见了。

——斯特拉霍夫

## 十三日　灵性的根源

我们要同时用理智和爱心才能领悟灵性的根源。

理智和道德是不可分的，涉及前者必然涉及后者。所以，理智有问题的人，道德往往也很成问题。

——罗斯金

## 十四日　暴君与奴隶

只要有暴君和奴隶，只要有富者和贫者，就不可能有良好的社会制度。

我们有必要了解现代拜金主义所导致的惊人后果。我们虽然生活在同一个社会里，但却宣扬着极端的利己主义。我们实际上过的并不是互助互爱的生活，而是互相敌视的生活——还美其名曰“竞争”。

——卡莱尔

## 十五日　谈贫富

人们因为信心不足才想维持现状。人们因为利欲熏心才认为只要改善物质生活就能改善人的精神面貌。

——爱默生

有钱人常常大谈社会福利，实际上不过是一种谋取个人利益的手段而已。

——托马斯·莫尔

## 十六日　人生在于求道

唯一可以相信的现实是“我在思考”这一现实。

——笛卡儿

人生的目的在于认识自己的永恒性和无限性；也就是说，以有限的个人生命认识无限的宇宙精神。

## 十七日　建立信仰

对生存的意义没有明确的理解，也就是没有信仰。没有信仰，就会拒绝神而接受魔鬼，从而过着一种极其危险的生活。

要想生活得安稳而踏实，首先要有信仰。

## 十八日　知识的量与质

重要的不是知识的量，而是质。有人知道许多无关紧要的事情，但对真正重要的事情却一无所知。

一般学者往往对空论比对人生思考得更多，但我们必须注意：空论会产生极大的害处，也就是说，它对真理将造成极大的危害。

## 十九日　苦恼有助精神成长

一个人若不懂得苦恼的好处，即表明他还没开始过智慧的生活，也就是还没开始过真正的生活。

苦恼就如夜空里出现的亮光，为我们启示人生的意义。

——梭罗

苦恼有助于精神的成长；没有苦恼，人生是不会有长进的；唯有经历过苦恼的人才会深入理解生活。因而，有人说苦恼的人是神所钟爱的人。

## 二十日　真正的幸福

对人而言，最幸福的事情莫过于为别人的幸福而放弃自己的私利，因为由无私的行为带来的幸福是永恒的幸福。现在的人如果能像谋取私利一样尽力为社会谋利，那么世界也就获得了和平与幸福，神的智慧也将展现在我们面前。

——马罗里

只有当我们为别人而活时，我们才真正地活着。这话听起来似乎令人难以相信，但你不妨去试一试，当你有了那种体验之后，你自然就相信了。

## 二十一日　以爱为生活的基础

我们往往为财产、美貌和健康的丧失而感到痛苦，但真正值得我们痛心疾首的是道德、智慧和仁爱之心的丧失。

不要迎合这个世界，也不要迎合种种世俗习惯；否则，你就不可能有爱心。你要过充满爱心的生活，为此你首先要远离仇恨和暴力，以爱为生活的基础。

## 二十二日　认识自己

人只要认识了自己的精神实质之后，才能把“我”从一个不安的、悲哀的、附属于别人的世界转移到一个安稳的、喜悦的、自由自在的世界。

## 二十三日　善是单纯的

真正的善通常是单纯的。尽管单纯那样具有魅力，那样有益，单纯的人还是少得可怜。

真正有益的东西不需要花大钱，花大钱买来的东西大多是有害的。

——梭罗

## 二十四日　精神的力量

唯有内心充实的人才不会盲从社会习俗，唯有这样的人才有崇高的精神、坚定的意志和明确的思想。

——爱默生

世上的一切都是模糊不清的，而且时时会变；只有善行是分明可见的，而且永世不变。

——西塞罗

## 二十五日　精神与自由

有人认为，人本质上是肉体的；也有人认为，人本质上是精神的。如果你认为自己本质上是肉体的，那你就不可能有自由；反之，如果你认为自己本质上是精神的，那你就不能没有自由。

人越是把自己的生活实质从肉体转向精神，就越能感受到自由。

## 二十六日　认识心中的神

意识到神的存在，那很容易，大多数人都能做到，但要对神的智慧有所领悟，那就不容易了，大多数人都是做不到的。

宗教是神的产物，科学是人的产物。

——德歇尔尼

要认识自己心中的神，但不要试图对神下定义。

## 二十七日　勿指责别人

我们有权指责一个患重病的人吗？尽管他的病使你感到不快，但那是他的过错吗？同样，有人在道德上患了重病，我们也不能一味指责，而要满怀同情地予以救治。

——奥里欧斯

一个人走错方向必然自食其果，只要记住这一点，我们也就不会对别人的错误感到愤怒而没完没了地指责他了。

## 二十八日　怠惰与勤劳

认为怠惰是一种幸福、勤劳是一种惩罚，这是个古怪而有害的错误。

劳动是人所需要的，当劳动的权利被剥夺时，人会感到痛苦。但是，劳动并不是道德本身，若把劳动视为道德本身，那就如把吃饭视为道德一样令人费解。

## 二十九日　生病有助人的觉醒

人若相信生命是永恒的，就会把生病看作是生命正准备从一种形态转向另一种形态，也就是从“生”转向“死”——这种转变是迟早都要发生的。这样，我们就会像忍受劳苦一样忍受病痛，而我们之所以能忍受劳苦，就是因为我们相信这会使我们有所收获。同样，当我们忍受病痛时也应该相信，这会使我们看到生命的真相，会把我们带入新的生命形态。

## 三十日　人生的意义

我们活着不能不知道我们为什么活着。人生的意义何在，这是首先要弄清楚的——无论过去，还是现在，做人首先要弄清楚这一点。然而，不少自以为有学问的人却自我陶醉于自建的空中楼阁，还据此自傲，说人生没有什么意义。

如果你的心灵没有使你领悟到你活在这个世界上的意义和使命，那不是这个世界的过错，而是你的心灵出了问题。

# 五　月

## 一日　崇高的法则

认识并遵循“最高法则”的人无所畏惧。

不要以为只要有勇气和力气就是男子汉；恰恰相反，唯有善于自制和宽宏大量的人才是真正的勇者。

## 二日　真理

当我们和别人发生争执并为此而生气时，就不再为真理而争了，而是在为自己而争。

——卡莱尔

对于信奉真理的人来说，为了使真理得胜，最重要的是要保持冷静。真理不怕反对者的攻击，而怕信奉者的偏激。

## 三日　使命与幸福

不管人有怎样的使命与幸福，科学都必须对此加以研究，而艺术则必须对此加以表现。

贤者为求自知而学，愚者为求人知而学。

——东方格言

### 四日　思想的力量

思想若有道德为向导，将会变得更有力量。

——塞内加

有益的思想总是简洁而明快地表达出来的。

——西塞罗

### 五日　教育与宗教

宗教，也就是对人生意义的阐释，应成为教育的基础。

对孩子要正直，不可虚妄。凡允诺孩子之事必要做到，若不如此，便无异于教孩子以虚妄。

——《犹太法典》

不可把你自己也不全信的东西教给孩子，更不可将此当作真理教给他们；否则，无异于犯罪。

### 六日　天地有道

不管我们有没有意识到，某种超越死亡的东西始终存在于我们的心灵之中。

知人者智，自知者明。胜人者有力，自胜者强……死而不亡者寿。

——老子

## 七日 从内在去求幸福

不管是为了现在，还是为了未来，想从他人身上或者身外之物中寻求幸福的人总是错的。

拯救我们的是我们自己，毁灭我们的也是我们自己。任何外在的东西都不可能构成恶的主要原因。如果一个人严守道德准则，那么即使全世界都毁灭了，他也不会作恶。

——马罗里

## 八日 谦逊

谦逊能唤起爱心；善意，再加上谦逊，最能令人感动，但要做到这一点并非易事。

不要自我评判，尤其不要把自己和别人进行比较。要比较，也得比较自己和真正的完美还有多大距离。

## 九日 人生是不断的变化

人生就是不断的变化，随着这种变化，物质生活会变得越来越不重要，而精神生活则会变得越来越重要。

在追求自我完善的过程中是不可停下的。要知道，当你对外在世界比对自己的内心世界更感兴趣时，即意味着你停止了对自我完美的追求；也就是说，你这时已经被你周围的世界带走了。

## 十日　灵与肉

真正的实体是精神的，而非物质的；你的心灵是实际存在的，而世界万物（包括你的肉体）都不过是虚幻的影子。

如果有人认为只有自己用手摸得到的东西才是真实的，那这个人实在是愚昧无知到了极点。

——柏拉图

我们总以为自己肉体是最实实在在的，因为我们能感觉到它。殊不知，肉体是最不可理解、最难以把握的，因而是最不实在的。

## 十一日　理想境地

尽管完美的理想境地离我们甚远，尽管我们的生活多种多样，表面上那么不同，但毕竟我们每个人心里都向往着某种理想的境地。

无论是个人，还是大众，要走向完美的境界，其动力不在于对现存事物的理解，而在于对未来事物的思考。

——马尔蒂诺

## 十二日　人生如旅

你的一生转眼即逝，因而你要珍惜时间，要在这短短的一生中做该做的和所能做的事情。

请记住，我们并非长住在这个世界上，而只是路过这个世界。

## 十三日　正视生死问题

有关生与死的问题，每个人都要面对，而且只能由自己来回答。

君子求诸己，小人求诸人。

——孔子

有德之人处处都能找到生活的动力，因为他的“有德”就在于他处处都能看到上帝的旨意。

——罗斯金

## 十四日　认识内在灵性

一个人若能认识到自己灵魂中的神性，也就不再惧怕命运的不幸和人生的艰辛了。

没有火，油灯点不亮；没有神，人心暗无光。

——《婆罗门经》

## 十五日　真理与幸福

真理终究会为人带给幸福。

一个人说几句真话并不难，但需要有极大的诚意才能认识真理。

我们应该诚实。诚实是雄辩和德行的秘诀;诚实是艺术和人生的规范。

——埃米尔

## 十六日　人类与宗教

从根本上说,宗教就是要回答这样的问题:“我为什么活着?”“世界和我究竟有什么关系?”无论是最原始的宗教,还是最高级的宗教,或多或少都旨在于探究生命的“第一因”,以及世界和人的关系。

## 十七日　完全的喜悦

当你行善而受到指责时,应该高兴而不要悲叹,因为唯有这样才能表明你是真正的崇高之人。

——奥里欧斯

人不知而不愠,不亦君子乎。

——孔子

## 十八日　精神的力量

当一个人自觉到精神所具有的神性时,他不仅能获得极大的力量,而且还使自己提升到了一个崇高的境界。

一个人若相信自己的精神力量,相信除了自己不可能从别处获得力量，那么这个人就是一个身心两方面都有自制力的人，一个行将创造奇迹的人。这样的人才是真正伟大的人。

——爱默生

## 十九日　信仰的根源

善的法则证明了神的存在。善的法则既通行于我们的世界，也存在于我们的内心；我们唯有意识到这一法则的存在，才能自然而然地、甚至不知不觉地和睦相处。

每当和人发生冲突时，就想想人是需要相互帮助的，想想“己所不欲，勿施于人”的道理，而且要养成这样的习惯。

## 二十日　精神生活与自由

请你记住，只要你的理性不为物质生活所束缚，你就有了自由。不为情感和欲望所困的灵魂，照耀着理性之光的灵魂，就成了一座坚固的堡垒；对你来说，这是最好的庇护所——你将因此而抵御一切罪恶的侵蚀。不知道这座堡垒的人是可怜的，知道它而不愿走进去的人是可悲的。

——奥里欧斯

## 二十一日　把握行善的机会

一天的生活最好能这样开始：当你早上醒来时，首先想到的是："不知我今天能不能至少使一个人感到高兴？"

——尼采

我们即使做不到像猎人寻找猎物一样主动寻求行善，但至少不能错过任何行善的机会。

## 二十二日　精神的成长

自然界的变化是在不知不觉间发生的，是慢慢形成的，而不是突然出现的。精神生活也一样。

真正的思想——有生命力的思想，都是经历了一系列的变化之后才形成的，但不像乌云那样急速聚集起来，而是像树木那样慢慢成长起来的。

——罗斯金

## 二十三日　习惯于匮乏

我们越是习惯于物质生活的匮乏，就越是不会为这种匮乏而感到恐惧。

拥有自己想拥有的东西是一种幸福，但更大的幸福却是不想拥有自己未拥有的东西。

何谓贤人？善学之人；何谓强人？自制之人；何谓富人？知足之人。

——《犹太法典》

## 二十四日　爱

讲享乐的哲学最终会令人绝望，只有讲义务的哲学才能真正给人带来喜悦。灵魂的得救在于把义务视为幸福，在于个人意志和神的意志的合一，在于用爱心把人导向那最高意志。

——埃米尔

唯有在博爱中才有正义存在的可能。

## 二十五日　善德

有人若自以为虔诚而管不住自己的嘴，这样的虔诚是虚假的。

——《雅各书》

话未说出口之前要好好想一想，你内心是不是充满了善意和爱；反之，如果你只是图一吐之快，那你一定会因为不注意说话而犯大错。

## 二十六日　谈死亡

人活着的时候，就如在烛光下读一本充满恐怖、欺骗、悲哀和邪恶的书，而当人死的时候，那烛光会变得很亮，从而使人看到原本看不到的东西；随后，它又黯淡下去，渐渐熄灭。

我们不能不为死做准备，但不是一般的准备，如举行仪式之类的善后事宜，而是准备好如何告别这个世界；因为人在临死前似乎已进入了另一个世界，他说的话和他的一举一动会对活着的人产生特殊的影响力，所以我们一定要好好利用这一庄严的瞬间。

## 二十七日　良心的决定

人的理智活动往往不是为了发现真理，而是为了遮蔽真理。这样的理智活动也是导致恶的原因之一。

人虽然不能样样事情都做，也总要做些事情——但这不能成为做坏事的理由。

——梭罗

某种行为如果要以一套复杂的理论来加以说明，那么这种行为可以说十有八九是邪恶的。因为善行来自良心的决定，总是直截了当的。

## 二十八日　行为的结果

尽你自己的义务，结果如何是由要你尽义务的神来决定的。

——《犹太法典》

如果你做的事情一眼就能看到结果，这样的事情也就没有太大的意义。

## 二十九日　人的尊严

每个人都有权要求别人尊重他；这就是说，每个人都有尊重他人的义务。

——康德

为别人服务是做人的义务，既不意味着服从他人，也不意味着受他人的庇护，或者施恩于他人。

## 三十日　土地不该成为买卖对象

土地和人格一样不能成为买卖的对象；土地的买卖无异于人格的买卖。

土地是大自然的馈赠，所有生活在土地上的人都有共享土地的权利。这种权利就如婴儿有权睡在母亲怀里一样，再自然不过了。

——蒙田

## 三十一日　肯定人生的喜悦

一个人对人生的喜悦之情，是其自信和能力的象征。

——爱默生

我们没有权利抱怨人生。对人生感到不满，就是对自己感到不满。

# 六　月

## 一日　对死亡的思索

较之于死，自由之人更关心生。

——斯宾诺莎

人只有在过精神生活时才是自由的。对精神而言，死并不存在，因而过精神生活的人不受死的束缚。

## 二日　男女的使命

不能使家庭生活和睦的主妇是不幸的，这样的女人无论到哪里也不会有幸福。

男人有一种奇怪而根深蒂固的错误观念，那就是认为烹饪、裁缝、洗衣服和育儿全是女人的事情，男人做这些事情是可耻的。事实上，这样想的男人才真正是可耻的。当疲倦的、病弱的、怀孕的女人在做饭、洗衣服和照顾孩子时，男人却游手好闲，或者做些无聊的事情来消磨时间——这是多么可耻啊！

## 三日　生命的永恒

相信生命永恒的人更容易过善的生活。

人只有在这样的情况下才会相信自己是永存不灭的，即：领悟到个人的生命并非单独存在，而是存在于永恒的宇宙生命之中的。

## 四日　虚伪的信仰

世上的大部分罪恶都是由于对理性缺乏信心而产生的。“不信则咒”，这是多么肤浅的想法啊！然而，导致罪恶的主要原因就在于此。本来必须用理性来思考的事情，如果不是全盘接受，就是全盘否定，人就会失去思考的习惯，从而不是陷入自我诅咒，就是把别人引向罪恶。一个人只有养成独立思考的习惯才会有正确的思想，也只有这样，他的灵魂才能得救。

——爱默生

不管什么事情，越是有人吹捧，我们就越要慎重地想一想：这件事真的那么值得重视吗？

## 五日　谈外在世界

当我们看到地平线上有个白色东西时，不知不觉就会把它想象成一座白色的教堂；当我们看到一条线时，脑子里便会浮现出类似的东西来；由此可见，外在世界的一切往往会因为我们的固有观念或者思维模式而变形。

我们所看到的外在世界，其实并不是外在世界的本相；既然如此，我们眼中的外在世界便不是最重要的。那么，最重要的是什么呢？那就是人皆有之而且人皆信之的内心世界。

## 六日　恶有恶报

一个人行恶不但会毁其心灵，失其幸福，而且必遭报应。

恶必生恶，故恶之可怕甚于火。不行恶于仇敌，此为至德。毁人者必自毁。

——印度格言

## 七日　谦虚与傲慢

人与人和睦相处是美好生活的必要条件，而傲慢则是和睦相处的最大障碍；我们即使在遭人误解和毁谤时也要保持谦虚，这样才能真正与别人和睦相处。

不必害怕因为你谦虚而别人会轻视你；谦虚不仅会使你自己觉得内心充实，而且在大多数情况下还会得到别人的报偿。

## 八日　善与真

善与真其实是同一回事。

真理无须用狂暴的方式对抗谬误；真理是一目了然的，明明白白的，其自身就足以置谬误于死地。

——梭罗

## 九日　检讨现存制度

幼者支配长者，愚者支配贤者，是违反自然法则的；同样，有人饥饿，有人饱足，也是违反自然法则的。

——卢梭

善良的人反而成了受压迫的奴隶；这种现象必须消灭，社会才会进步——我们的社会难道就无须为此而努力吗？

——罗斯金

我们绝不能依现存制度来决定自己的行为；现存制度不会永恒不变——它肯定要变，因为它并不完美——而要改变现存制度，我们当然首先要对它感到不满。

## 十日　爱怜动物

爱怜动物本是人的一种自然感情；人唯有在不自然的状态下才会漠视动物的痛苦和死亡。

对动物的爱怜会使爱怜者感到喜悦，这种喜悦远胜过打猎或者吃肉给人的满足。

## 十一日　思想的演变

无论是个人生活还是人类生活的巨大变化，只有靠思想的变化才有可能。要改变我们的行为举止，先要改变我们的思想，而要改变我们的思想，先要停下来关注一下某些有必要关注的事物。

一个人的命运是由他如何认识自己所决定的。

——梭罗

无论一个人的思想是否表现出来，他的生活总是为他的思想所左右。换句话说，对一个人的生活有益的，是他的思想；对一个人的生活有害的，也是他的思想。

——马罗里

## 十二日　苦恼的意义

苦恼是肉体和精神成长的必要条件。

要想减轻苦恼带来的压力，首先要记住：有人比我们更苦恼；其次要记住：苦恼无法逃避，只能面对。

你若认识到苦恼有益于你的精神成长，你就不会为苦恼而苦恼了。

## 十三日　理性

人不同于动物，就是因为人有理性。

凡认定理性不足以引导生活的人，必然会由于否定理性而毁坏自己的生活。

其实人人都具理性，人们的相互关系和相互沟通均建于理性之上，因而服从理性可以说是每个人生来就有的义务。

## 十四日　勿论断人

越是严于律己的人，越是不会轻率批评他人。

不可贬低他人以抬高自己。有德之人宁可自损也不揭人之短。

——《犹太法典》

## 十五日　对上帝的爱

爱上帝，其实就是爱“至善”。

对上帝的爱是一种道德感，而这种道德感则是以至高的理想为基础的。因此，对上帝的爱，也就是对道德、正义和善的爱。

——柴宁

## 十六日　如何改善社会制度

唯有当人们的道德臻于完善之时，社会制度才有可能臻于完善。

我们现在虽生活在一个制度化和文明化的时代，但离道德的时代还很遥远。只要看看现状就能发现，社会是越来越文明了，但人们的生活却越来越不幸，以至于我们不禁要问：在文明不发达的原始时代，生活是不是比现在更幸福？现在的人之所以不幸福，是不是因为他们的道德水平不但没有得到提高反而下降了？

——康德

## 十七日　战争的动机

不管用什么理由来为战争和军备辩护都是站不住脚的，而且大部分是愚不可及的；尤其是对于那些在战争中死去的人来说，任何发动战争的理由都是荒诞不经的。

国家利益、国家名誉和国际关系，这些不过是用来为愚蠢而疯狂的现代战争作辩护的借口而已。

——法朗士

政府往往会夸大其词地说战争和军备多么有必要，其实是为了掩盖其背后的邪恶动机。

## 十八日　义务的意识

一个人意识到自己的义务，也就意识到了自己灵魂中的神性。

人的价值在于人的精神——有时也被称为理性或者良心。精神超越时空，是真实的、不变的、永恒的。它使一切不完美的事物变得完美；它和一切自私而偏狭的行为格格不入。它用有力的声音告诉我们：别人具有和我们一样的价值，别人的权利和我们的权利一样不可侵犯。它命令我们接受真理，尽管真理和我们的偏见是对立的；它还命令我们做有德之人，尽管这样做会有损我们的利益。总之，精神是人心中的上帝之光。

——柴宁

## 十九日　良心

良心就是精神的自觉，而正因为它是自觉的，良心才是生活的可靠向导。

一般人总把道德教诲、宗教教义和个人良心看作是不同的人生准则；实际上，人生只有一个准则，那就是凭良心做人。

## 二十日　谈理性

没有理性，人与人就不可能交往。爱心使人们有相互交往的意愿，但唯有凭借理性，人们才能真正地交往。

没有任何东西能改变人的理性，因为人是通过理性把握一切事物的。所以，说人在本质上是非理性的、因而“不必屈从于理性”，那完全是在说胡话。说这种话的人等于要我们把唯一的一盏灯熄了，让我们生活在一片漆黑之中。

## 二十一日　不幸未必无益

一个人若因自身的愚昧而遭遇不幸，至少也能让他认识到以后要多动动脑筋。

认识圣贤之道通常有三条途径：一是领悟圣贤之道——这是最聪明的途径；二是仿效圣贤之道——这是最平常的途径；三是遭遇挫折后才知圣贤之道——这是最艰难的途径。

个人的不幸，乃至人类的不幸，并非全然无益。因为人唯有走过了迂回曲折的道路之后才能到达安宁而幸福的目的地，即：经自我完善而达到的理想境界。

## 二十二日　宗教

只有无可怀疑的事物才值得我们信仰，但我们信仰的又是无法用理智解释和用语言表达的事物。

道可道，非常道；名可名，非常名。

——老子

## 二十三日　内在生活与自由

一个人只有以精神生活而不是物质生活为本，才能有自由。

丧失自由既背叛人的本性，也背叛神的旨意。

——马志尼

和平本是人类之福，但若和平由奴隶制而获得，那就不是福，而是祸。和平意味着人人享有平等权利，人人有自由，而奴隶制恰恰是权利平等和个人自由的否定。所以，我们必须先废除奴隶制，然后才会有真正的和平。

——西塞罗

## 二十四日　勤劳与闲逸

过度勤劳并以此而自豪的人，往往是不通人情的人。

我们经常会碰到这样一种人，他们总是很得意地说自己多么忙，并以此为由拒绝一切休闲活动。其实，健康而愉快的休闲活动对人来说不仅是必要的，而且还很重要。再说，工作也不全是有益的；有些所谓的工作，不做比做更为有益。

勤劳与闲逸交替的生活才是幸福的。当然，没有勤劳也就不会有闲逸。

## 二十五日　谈虚荣

一个人活着不是为了让别人来赞扬你；重要的是自己对自己要有信心；唯恐别人说你不好，那是一种虚荣心。

——马罗里

无论怎样的德行，总不免带有虚荣的意味，也就是想博得他人的赞美，但真正的有德之人还应该有这样的品质：当自己的德行得到的不是赞美而是攻击时，仍坚信自己的行为是正确的。

## 二十六日　理性之光

我们的宝物就是我们的理性。人是靠着理性才得以高居于世界万物之上的。我们应该重视理性，遵循理性，让理性照亮生活的每个角落，从而使我们分辨出善恶。

——帕斯卡

没有理性，人就无法了解人生的意义；不了解人生的意义，人就无法分辨善恶，也就不会有真正的幸福。

## 二十七日　表里一致

让我们过坦荡的生活。

——孔德

面对别人有羞耻感，这很好，但更好的是面对自己也有羞耻感。

应该这样才好：我们活着既无须自我隐瞒，也无需自我夸耀。

## 二十八日　家庭幸福的源泉

如果家庭生活不仅仅是家庭生活，还是某种宗教生活，也就是说，家庭成员都有同样的信仰，那么这样的家庭便是最稳固的和最幸福的。若非如此，家庭生活就不是幸福的源泉，而是痛苦的根源。

一个人爱家庭就像爱自己一样，过了一定的限度也会给人以罪恶之感。不管怎么说，太爱家的人肯定不是道德高尚之人。

## 二十九日　忧郁

忧郁是人对自身生活和全人类的生活都觉得没有意义时的一种心态。

当你对周围的一切感到失望或者对自己的现状感到不满和焦虑时，最好学学蜗牛，暂时缩进壳里；换句话说，只要你不忘自己生于此世的使命，只要你耐心等待，你那种忧郁的情绪是迟早会过去的；你不久之后便会恢复过来，并再度为这个世界效力。

## 三十日　外在世界与内在世界

一个人若不再为外在世界的种种问题所困扰而全力关注自己的内心，并致力于解决自己的内在问题，那么不但他的精神生活会变得更为美好，而且外在世界的那些问题也会迎刃而解。

凡使用暴力进行的改革都不可能是驱恶扬善的真改革，因为真正的改革就是要以睿智取代暴力，从而消除一切不合理的社会现象。

除了自身的意志，一个人是不可能借助任何外力来改变生活的，除非他不是为了变得更为善良，而是为了变得更为邪恶。

# 七　月

## 一日　人心是具备神性的

只要我们能走出自己的“小我”，即使是一刹那，任何人都会变成没有邪念的人，都会像反光玻璃一样明净——世上永远有光，我们为什么不去反射它呢？只要一刹那，宇宙间的一切便会被照亮而清晰地展现在我们面前。

——梭罗

使自己的心灵保持明净，这样神之光便会反射出来，而当你的心灵反射着神之光之时，你会感到莫大的喜悦。

## 二日　对艺术的评价

艺术是指某人有意识地用某种外部形式把自己的内在感受传递给他人，或者说，艺术创作就是用自己的感情去感染他人，以期引起他人的共鸣。

真正的科学和艺术有两个不容置疑的准则：第一是内在的，即：为科学和艺术效力的人不能以自身利益为目的，而要以自我牺牲的精神来完成自己的使命；第二是外在的，即：科学成果和艺术作品必须能为多数人所接受，而且要为多数人带来幸福。

## 三日　自由的人

人越是把生活置于自身的动物性层面，人的自由就越受到束缚。

自由是指一个人控制着自己能控制的东西，而一个人能完全控制的东西只有他自己。如果一个人控制不了自己，那他当然是不自由的；如果一个人想控制的不是自己，而是别人，那他也是不自由的，因为他成了想控制别人这一欲望的奴隶。

——艾皮科蒂塔斯

当你觉得自己好像处处受到束缚时，你最好反省一下：这样的束缚是不是来自你自身。

## 四日　谈处罚

人处罚人大凡都不是基于正确的判断，也不是基于社会正义，而是基于恶劣的报复心理，即：以恶报恶。

我们必须记住，想报复他人的欲望是一种最低级的动物冲动；人若屈从于这样一种冲动，即意味着理性的丧失。

合理的处罚必须基于同情，这样的处罚才有感化作用。

## 五日　精神力量

从本性上讲，人想获得的是活跃而无限的精神力量；所以，一味追求物质享受是有悖人性的，结果只能使人变得像奴隶一样依附于物质世界，并因此而依附于他人。

——爱默生

具有精神力量的人从不惧怕外部世界的种种阻碍，因为所谓惧怕无非就是怕自己在别人眼里显得渺小或者丑陋——动物发怒往往就是出于这一原因——但对于一个具有精神力量的人来说，外部世界的阻碍正好为他提供了机会，可以使他显示出崇高的品性，或者优雅的气质。

——奥里欧斯

## 六日　论战争

无论战争多么可怕，仍无法阻止人们去参与战争。这主要是因为有人为战争编造了这样一种古怪而混乱的理论，即：世界上有许多可怕的事情，既然这些事情一再发生，其背后一定有某种隐秘而必然的原因。正是这种理论蒙骗了许多本性善良的人，使他们误以为战争是不可避免的。殊不知，战争完全是人为制造出来的；只要人们不再制造战争，不再为战争辩护，世上就不会有战争。

## 七日　论神

即使是彻底的无神论者，不管他愿不愿意，他都不得不承认神的存在，因为他不得不承认自己的生活中存在着某种法则——这种法则不是任何人制定的，但它存在着，不管你服从还是不服从，反正你得承认它的存在——而这种法则的存在，即表明神的存在。

神是存在的，但我们无法证明它，也无须证明它。谁想证明神的存在，谁就在亵渎神，而亵渎神显然是疯狂的。其实，神就在我们心中，在我们的意识中，同时也在我们周围的一切事物中。每当我们大喜大悲之时，我们的心灵就会呼唤神。一个人站在星光照耀的夜空下，或站在亲友的墓边，或看到有德之人竟被判处死刑，他心里一定想："啊，神啊！"若不如此，那他不是可怜之极的白痴，就是不可救药的恶人。

——马志尼

## 八日　爱能战胜一切

大家都知道有一种感情能解决人类生活的一切矛盾，而且能带给人类最大的幸福——这种感情就是爱。

当你觉得活着是痛苦时，当你对别人和对自己都感到恐惧时，当你对种种问题都感到困惑时，你最好对自己说："让我爱所有和我一起生活的人吧！"而且努力去加以实行。若能如此，那么一切都会过去，你心里会感到异样的轻松——不再有痛苦，不再有恐惧，也不再有困惑。

## 九日　不怕无知

不要过高估计博学的价值。重要的不是知识的量，而是知识的质。

苏格拉底虽然认为愚昧和明智是截然对立的，但他并不认为愚昧就是无知。他认为无知并不可怕，可怕的是把无知当成知。

## 十日　缺乏信仰的人

在当今世界，人们往往用某种世俗理论来代替真正的信仰。他们所信仰的不是神，而是某种被神化了的理论而已；换句话说，他们信仰的是自己头脑里的一堆假知识。

现代生活之所以令人失望的根本原因是现代人大多缺乏宗教信仰。

## 十一日　真正的慈悲

富人若能以自己的劳力而不仅仅用金钱向穷人表示慈悲，那才是真正的慈悲。

强者之所以是强者绝对不是因为他能欺凌弱者，而在于他能扶助弱者。

——罗斯金

对人友善，即是慈悲。给干渴的人水喝，是慈悲；搬开路上的石头，是慈悲；为行人指路，是慈悲；对邻人微笑，也是慈悲。

——穆罕默德

## 十二日　个人无法得知真理

任何人都无法独自得知真理；只有经过漫长的岁月，经过许多人的共同努力，真理才会显现。

我们每个人表面上都是独立的，其实所有的人都相互联系在一起，而且还和世界万物紧密相连。

## 十三日　实现至高法则

即使智者也难理解人生之道，但若智者遵循此道，他迟早是会理解的。即使愚者也可理解人生之道，但若愚者背离此道，他随即就不理解了。

要实现神的至高法则当然并非易事，但只要不断努力，不管进展多慢，我们终究是在接近这一目标。

## 十四日　神的世界

神的世界在人间实现的程度，取决于神的法则在人间被理解的程度。

只要人人都把追求神的世界和神的正义视为首要之务，世上也就不会有贫困了；换言之，只要人人乐于遵守神的法则，真心诚意地承担起作为一个人的义务，就能把世界从贫困中拯救出来。

神的世界其实在你心里，所以就在你自己的内心寻找天堂吧！如能这样，其他的一切都算不了什么了。

## 十五日　肉体生活与精神生活

我的肉体生活是无法避免痛苦和死亡的，但我的精神生活却不受痛苦和死亡的束缚。因此，只有把我的意识转向精神的“自我”，把我的意志和神的意志融合在一起，我才能从痛苦和死亡中获得拯救。

没有神，时间是虚空的，但若你此刻发现了神，你马上就会变得充实——你的一天将等于一百年。

——埃米尔

## 十六日　闲聊与沉默

闲聊最容易使人变得无所事事。一般人都很难保持沉默；为了消磨时间，他们宁愿说些无聊的事情来解闷。

人会说话胜过动物，但说废话不如动物。

——波斯格言

人在沉默时能感受到一种比说话时更深沉的愉悦。

## 十七日　谈暴力

古代社会轻视互助精神，其基础往往就是暴力；现代社会应该否定暴力，其基础应该是全社会的相互协助。

当有人要求我们使用暴力时，我们必须理性地加以判断，这样才不至于为舆论所欺骗，才能避免感情冲动而保持清醒的头脑。

## 十八日　万物相连

个人的生命非得和所有人的生命联结在一起不可，因为世界万物都是和谐相连的——物质世界如此，精神世界也同样如此；再说，生命现象本身就来自于生命体各部分的有机组合。

——奥里欧斯

如今，有人已清楚地意识到，人类不是一起生存，就是一起毁灭——这样的意识虽然还刚刚萌生，但不久之后一定将会成为全人类的共识。

——马罗里

## 十九日　善是单纯的

真正有益的、真正善良的和真正伟大的事物，往往是单纯的。

单纯的、没有学问的、甚至未受过教育的人往往深知真正的人生之道；相反，那些饱学之士，那些专家学者，大概正因为他们自视甚高，则往往连最起码的生活道理也不懂。

单纯的生活、单纯的言语和单纯的习俗会使民众变得生气勃勃；反之，奢侈的生活、虚饰的言语和烦琐的习俗则会使他们变得萎靡不振。

——罗斯金

## 二十日　勤劳

勤劳不是美德，但它是美德的必要条件。

不必要的、小气的、没耐心的、急躁的，而且妨碍别人的、想引人注目的勤劳，倒不如懒惰好。真正的勤劳是安安静静的，不引人注意的，而且是有分寸的——也就是默默地奉献。

勤劳本身是好的，但问题是究竟为了什么目的而勤劳呢？

——梭罗

## 二十一日　爱

爱的定义就是行善；我们都这样解释爱，舍此没有更恰当的解释。

如果允诺将来给人以更多的爱，并以此为借口而拒绝现在给人以爱，那是自欺欺人，其实是根本不想施爱于人。

默默地帮助那些不幸的人吧！不必让他们知道恩人的名字，只要他们能真正得到恩惠就行了。

## 二十二日　信仰与行为

与生活不相合的信仰，不是真正的信仰。

有生必有死；同样，有死必有生。既然如此，既然这是不可抗拒的，我们也就没什么可悲哀了。人的一生，一开始是混混沌沌的，此后有一段意识清醒的时间，死后的情况又是不可知的——事情就是这样，有什么可烦恼的呢？有人视灵魂为神奇之物，有人还有声有色地谈论灵魂，而实际上，任何人对灵魂都一无所知。

## 二十三日　努力的必要性

自我努力是道德完善的必要条件。

只知抱怨命运而不知自责的人，就如不会使用工具而抱怨工具不好；他们一心所求的只是自我满足，所以稍有不满就怨天怨地，就是不怨自己不努力——这样的生活态度，可怕而令人绝望。

——马尔蒂诺

## 二十四日　认识内在法则

历来对善的探讨之所以至今没有得到什么结果，乃是因为大多数人对行善抱有一种错误的观念；也就是，认为行善要得到报偿。实际上，要求得到报偿的行善已不是行善，真正的行善应被视为人生的一种义务，目的在于实现善的法则，而非得到报偿。

——康德

遵循善的法则绝对不是为了获取物质利益或者个人愉悦；否则，反而会有害于人的精神；道德上的所获和物质上的所获总是对立的——这种对立虽然常常令人苦恼，但要使人的精神得到提升，就必须为前者而舍弃后者。

## 二十五日　在自己内心寻找恶因

有人抱怨说："我善待于人，别人却不知感恩。"不过，如果你是真正想善待于人的话，那么当别人因你的善行而获益时，你其实已经得到了报偿。因为你行善不就是为了别人得益吗？如果你是对你所爱的人行善，那就更不应该要人感恩了，因为对你所爱的人行善，实际上就是对你自己行善。

在你自己内心寻找使你苦恼的恶因。你的苦恼通常都是你的行为造成的；虽然有时是直接的，有时是间接的，但最后的原因总能在你内心找到。反过来说，你要想摆脱苦恼，先得改变自己的行为，而要想改变自己的行为，先得在自己的内心寻找原因。

## 二十六日　神就在你心中

对神的信仰，其实就是信仰自己的心灵。

神就在你的心灵中，所以你必须真心实意地崇拜神。

——《约翰福音》

## 二十七日　知识不是目的

知识不是目的，只是手段而已。

有知识而不会用知识的人，就如播下种子而不知收割的人一样。

从孤寂的象牙之塔里走出来吧！你是否想过，你埋头苦读到底为了什么？你要把自己的所思所学奉献出来，去帮助许许多多需要你帮助的人！

## 二十八日　完善与悔悟

要实现道德的自我完善，悔悟是绝对必要的。

意识不到自己的过失，是更大的过失。

把自己的恶行归咎于外在原因是极其危险的，因为这样一来，一个人就再也不会自我悔悟了。

## 二十九日　理性的使命

想用理性来回答“世界为何存在?”“我为何活着?”这样的问题，只会使人头晕目眩——因为这类问题是人的理性根本无法回答的。换句话说，人被赋予理性并非为了回答这类问题，甚至都不是为了提出这类问题。理性可以回答的只是“我们应该如何活着?”这样的问题,而且已经回答得明明白白,那就是:自己活得好,也让别人活得好——这对每一个人来说其实都是有可能做到的,而且不需要问:“为什么?”

## 三十日　道德律

要别人如何对待你,你先如何对待别人——这是不变的法则。

道德法则是简单明了的,其实人人都懂;如果有人装着不懂,那是在自欺欺人。

## 三十一日　爱

真正的、神圣的爱并不是爱某个人或某些人,而是爱所有的人;唯有这样,我们才能领悟到我们心中的神性。

圣人无常心,以百姓为心。善者,吾善之,不善者,吾亦善之……

——老子

一个人越爱别人,别人越爱他;别人越爱他,他便越爱别人——爱是无限的。

# 八 月

## 一日　自由

战胜自己——这是获得自由的最佳方式；驾驭自己——这是不让别人控制你的最佳方式。

为自己尽了义务而感到欣喜的人、深思过人生之路的人、自觉遵循人生法则而内心谦虚的人、有主见而不受他人摆布的人——这样的人才是自由的。

——西塞罗

自由要靠自己争取而不能由他人给予。

## 二日　死亡不是终结

如果人只是一种肉体的存在，那么肉体的死亡即意味着一切的终结。如果人是一种精神的存在，肉体只是精神的寓所，那么肉体的死亡仅意味着精神的迁移。

## 三日　善恶的报应

善与恶不一定马上就会得到报应。报应不受时间限制；有时虽然没有明显的报应迹象，但我们的内心却已经感觉到了。

善事再小，也要尽力为之；恶事再小，也要尽力避之。小善会激起大善；小恶会引来大恶。善有善报，恶有恶报。

——《犹太法典》

播种者必有收获，害人者必然害己；为他人效力者必得他人效力，无私奉献者必得世人回报。

——爱默生

## 四日　自我否定

所谓自我否定并不是彻底否定自己，而是把“自我”从肉体领域移到精神领域。

处处为自己着想、凡事都要追逐私利的人，其实并不幸福。

——塞涅加

## 五日　虚伪而有害的思想

我们很容易服从一般人的言行标准，对他们的见解和想法往往不加反思而随便附和；可以说，我们的人格之所以低下，生活之所以空虚，原因就在于此。

在社会生活中，要完全不受他人影响是不可能的，但对流行的东西必须特别谨慎。无形的东西往往影响更大，所以有德之人必须注意自己的一言一行，因为言语会影响行为，行为也会影响言语。

## 六日　个人和群体的理性

无论是个人生活，还是群体生活，都要遵从理性。

遵从理性的人，或者说，凭理性生活的人，就如提着一盏灯在夜里行走的人，眼前总是亮的。这样的人永远不会走进黑暗，永远能看清前面的路，因而能从容地走向生命的彼岸。

## 七日　虚荣心的满足

为满足虚荣心的人总为一些琐事所困，哪里还有余力考虑真正的人生大事？

越是短见的人，越是自负。

——蒲伯

为博得所谓的名声或者大众的赞誉而费尽心思，实在是愚蠢之极，因为大众没有定见，同一件事一会儿被大肆吹捧，一会儿又遭恶意谩骂。

## 八日　审视各种思想

有些东西之所以会成为传统而被我们认为是无可置疑的真理，乃是因为我们没有对这些东西加以认真的思考。

——罗德兹

要我们遵守那些古老而腐朽的法规，就等于要我们住几百年前的房子，用几百年前的家具。

——马罗里

无论哪一种思想，你都必须加以审视。

## 九日　行为来自思想

人的错误行为大部分都不是出于恶念，而是出于盲目相信某些错误的思想。

事情的实际后果往往是由某种无形的力量所决定的；当我们听到枪声时，子弹已经射了出去；同样，在我们看到事情的结果之前，我们对这件事的想法已经决定了它的结果。

——埃米尔

要多多思考，这样才不至于有盲目的行为。

## 十日　最重要的是现在

有人说，人是不自由的，因为人要受时间限制，后面的事情由前面的事情所决定，人只是按顺序把事情做下去而已。其实不然，人做事总是处于现在，而现在没有时间长度，只是过去和将来的一个无穷短暂的接触点；因此，在这一瞬间，人是自由的。

已经失去的时间无法追回，已经犯了的罪行无法补救。

——罗斯金

## 十一日　独自面对心灵深处

就如每一个人都要独自走向死亡，人活着的时候也要独自面对自己的心灵。换句话说，人只有在孤寂中才能真正意识到自己，才能意识到生活的内在含义。

人若想控制自己的行为，就必须独自面对自己的内心，而且最好能发现那里有什么东西在不断地成长和完善。

——爱默生

## 十二日　十字架的意义

我们所背负的十字架由一根长的垂木和一根短的横木组成——垂木代表神意，横木代表人心。横木若能和垂木合在一起，十字架便不再成十字，人心的邪念和痛苦也就消失了。

把幸福建在世俗荣誉之上的人，就如在沙滩上建高楼；只有把幸福深深扎在神意中的人，才能真正安享幸福。

——马罗里

## 十三日　真正的智慧

看别人怎么生活，自己也怎么生活——这是凡俗的智慧。不管遭到怎样的非难仍坚信自己的理性并以此而生活——这是真正的智慧。

不要说有多少人赞美你，重要的是谁在赞美你。若能不被恶人赞美，那是很值得自豪的。

——塞涅加

## 十四日 谈暴力

赞成暴力的人不管在什么时候都不是有德之人。唯有明知善恶而不以暴力抗恶的人，唯有以正义的名义真诚而理性地规劝他人弃恶从善的人，才是有德之人。

暴力有时也被用来维护正义，但千万不要忘记，正义实际上是不能用暴力来维护的。因为暴力本身不是正义，用它来维护的正义当然也就十分可疑了。

## 十五日 认识自己

对每个人而言，最重要的是认识自己——精神上的自己。

当你想获得力量时，静静地想想自己。

——梭罗

人只要认识了自己，就会发现许多事情都是不必苦恼的。

## 十六日 万物一体

所有的人不仅在精神上是相连的，而且和世界万物连成一体。

无论如何你都不可能脱离人类而独自生活。你既然生活在人类中，便是为人类而生活；因此，即便是你的精神活动也不可能不受约束，因为人与人生来就像一个人身上的手和脚一样是相互配合的；反之，人与人相互仇视、相互憎恨，就像手仇视脚、脚憎恨手一样，只能说是一种极不自然的怪诞现象。

——奥里欧斯

## 十七日　善是精神的本性

对任何人来说，有善心都是头等重要的。再聪明的人，若无善心，也毫无价值可言。反过来，犯再愚蠢的错误，只要是出于善心，也总能得到宽恕。

从人的自然本性来看，人是不应该有行恶倾向的，但人有行善倾向却是可以肯定的。

——康德

人生最重要的事情是唤醒人们心中的善。

——约翰逊

## 十八日　真正的教义

如果一种教义是以实现全人类最单纯、最实在的幸福为目标的，那我们就没有不信的道理，因为除此之外没有更可信的教义了。

## 十九日　谈劳动

说劳动是肉体生活所不可缺少的必要条件，说鲁滨孙要是不劳动，那他不是冻死，就是饿死，这是人人都能理解的。但是，说劳动也是精神生活不可缺少的条件，那就未必人人都能理解了，尽管这是无可置疑的。

大自然永不停息地活动着，凡不活动者均被它判处死刑。

——歌德

## 二十日　简朴的生活

人若做着真正重要的事情，个人生活就会变得很简朴，因为他没有多余的时间和精力去讲究那些事情。

有新的享受，即有新的欲念；有新的欲念，即有新的幻灭。

——伏尔泰

你的欲求越多，就越从属于你所要的东西；你所要的东西越多，你的自由就越少；没有欲求，也就有了自由。

## 二十一日　祈祷的真义

神真正要的并不是我们的祈祷，而是要我们过纯正的生活。

人若毁谤他人，诅咒他人，再用同一张嘴向神祈祷，即是对神的玷污。故而，人要祈祷，先得口舌干净。若犯口舌之罪，先得悔悟。

——《犹太法典》

## 二十二日　学问的目的

学问不是衣冠，不可用来打扮；学问不是斧头，不可用来谋生。

——《犹太法典》

如果学问以获利为目的，那就不是真学问。真学问不仅来自于内心，而且要有益于他人。

## 二十三日　行善者必爱真理

如果一个人有完美的道德，他是绝对不会无视真理的；换言之，善者必求真。

唯有恶人才是真理的受害者，善人必然受益于真理。

## 二十四日　走向完美

若想求道而有长进，便不能满足于你的现状，要知道人是很容易自满的。如若自满而止步，那无异于自我坠落。

——奥古斯丁

人的生活就是灵与肉的搏斗；尽管灵魂往往能战胜肉欲，但每一次获胜都不是最后胜利——搏斗将永远持续下去，因为生活的本质就在于此。

## 二十五日　真正的幸福

对于幸福，有人从权力中去追求，有人从学问中去追求，更有人从淫荡中去追求，但真正感到幸福的人都知道，幸福并不需要刻意追求，即便追求也无济于事。其实，任何人在任何时候都可以拥有幸福——只要他自己内心感到幸福，他就有了最大的幸福，而且永远不会失去。

——帕斯卡

凡俗的所谓幸福仅属少数人，但神圣的幸福（或者说以善为福）则是人人都该有的。这是人生的正道，即寻求善，寻求和他人和睦相处，寻求以他人的幸福为幸福的至高境界。一个人若能以此为人生使命，那他必然是幸福的。

——奥里欧斯

## 二十六日　谈公理

公理通常是行为的尺度，以此来评判行为的是与非，但完美的生活不能仅限于此，还要有高于公理的善意。

虽然有许多问题可以用公理来解决，但要解决人生的所有问题，仅有公理显然是不够的。

实际上，没有绝对的公理；所以，要让生活变得完美，还需要人人在道德上不断地自我完善。

## 二十七日　人生的乐趣

动物、孩子和圣人拥有同样的生活乐趣。动物的生活乐趣在于它们没有理性，因而无所谓犯错误，也无所谓善恶；孩子的生活乐趣在于他们刚刚拥有理性，尚未走入歧途；圣人的生活乐趣则在于他们能驾驭自己的理性，因为他们已拥有比理性更高的东西，即神性。

想使生活有乐趣，不为琐事所烦恼当然是个重要的秘诀，但若能进一步把生活看作一种义务而心情愉快地加以履行，那就会更有乐趣。

## 二十八日　信仰决定人生

信仰是人类精神的固有本质。

没有信仰的生活是空虚的。人活在世上要有意义，必须要有信仰。

## 二十九日　四海一家

如果一个人在心灵中感知到了神，他也就会认识到，他和世界上所有的人都是息息相关的。

所有的人本应亲如手足，因为所有的人都来自同一根源。所以，不爱他人倒是一件很不自然的事情。

## 三十日　有强力在世上运作

有一种强力在世上运作，谁也无法阻止它；对宗教的新认识、对人的真正尊重以及对人类兄弟之情的强调，就是这种强力的明证。这是我所看到和感觉到的，世上的一切痛苦都将随着这种强力的运作而消失。它将静静地贯穿于整个世界，它将让和平代替战争，让博爱代替私欲，让“世界和平，人人幸福”不再成为一句空话。

——柴宁

## 三十一日　虚假的艺术

真正的艺术就如贤惠的妻子，无须梳妆打扮；虚假的艺术就如淫荡的娼妓，总是浓妆艳抹。

虚假艺术的动机是利欲，类似于妓女卖身。

# 九 月

## 一日　烟酒

要改善现代人的生活，最重要的事就是让所有的人不再受各种恶的诱惑，但事实上大家却继续拿烟酒来自我麻醉。

也许你会说，喝不喝酒、抽不抽烟并不是什么了不得的事。但如果你发现由于你抽烟喝酒而损害了他人，或者导致他人的仿效，那就不是小事了——你必须戒烟戒酒。

## 二日　偏狭与宽容

人越接近真理，对别人越宽容。

没有信仰的人和迷信的人同样偏狭。

## 三日　神并非知性所能了解

不要试图探究神的本质；想要知道神不让我们知道的东西，是对神的不信。

——米南德

我们甚至无须费心去探知神是否存在；重要的是要相信神的存在，并时时把自己奉献给神。

## 四日　努力本身就是目的

一个人若能说自己该做的事已经做了，而且已尽了最大的努力，他便是幸福的；否则，不管他做什么事都不会有轻松愉快的感觉。

——爱默生

当我们努力向善时，不要期待马上就能成功，甚至不要期待成功。我们是看不到最后结果的，因为在我们不断努力的同时，我们的目标也在不断提高。所以，努力本身就是目的，而不是手段，其报偿也就在努力之中。

## 五日　处罚与宽恕

俄语中的“处罚”含有“教训”的意思，因而唯有处罚者自身作出榜样，才能使被处罚者得到教训；反之，若用恶来处罚恶，那就不是教训了，而是在毁灭他人。

那时彼得进来，对耶稣说：“主啊！我弟兄得罪我，我当饶恕他几次呢？七次可以吗？”耶稣说：“我对你说，不是七次，乃是七十个七次。”

——《马太福音》

## 六日　迷惘

人经常会陷入迷惘。在某些时代或者某些社会，迷惘可说是一种常态。即便在现代基督教社会，迷惘也处处可见。

为了保护自己，我们常常会像鸵鸟一样自欺欺人，只是把自己的头藏了起来。实际上，我们的有些做法甚至比鸵鸟还要愚蠢——为了所谓的未来，竟然毁了当前。

## 七日　死也是一种福

既然生是福，那么死——即生的必然结果——也应该是一种福。

死本身并不可怕，可怕的是我们怕死。如若领悟了生的实质，死也就不那么可怕了。

## 八日　儿童与成人

为什么说儿童比许多成人更有德性？因为儿童纯正的心灵尚未受到欺骗、诱惑和扭曲；反之，许多成人的心灵不但由于受到欺骗和诱惑而被扭曲，甚至蒙上了罪恶的阴影。

尊重所有的人，特别要尊重儿童，千万不要玷污他们纯正的心灵。

## 九日　科学的使命

科学的真正使命并非在于说明太阳出现黑子的原因，而是要说明人类自身生活所遵循的法则，以及背离这种法则所产生的后果。

——罗斯金

无论多么伟大的科学知识都无助于人生终极目标的实现，或者说，无助于道德至高境界的达成。

## 十日　良心的声音

为了选择正确的生活道路，若遇到某些世俗问题，当然可以根据你的需要来加以判断；但是，如果要探求人生的意义何在，那就得听从良心的声音了。良心的声音，就是当你违背真理或者有违背真理的危险时，你从自己的内心所听到的声音。

——斯拉特霍夫

良心是让我们从梦中醒来的闹钟或者鸡鸣。良心是手握利剑把我们赶出虚妄之国的天使。

——埃米尔

## 十一日　真正的信仰

真正的信仰之所以吸引我们，不是因为它一定能使我们获得幸福，而是因为它能使我们从不幸和死亡中获得拯救。

拯救既不在于信奉何种宗教，更不在于举行何种仪式，而在于领悟人生之真谛。

## 十二日　抛弃财富

神与钱不可兼得；道德完善和物质享受难以同行。

衣服穿得太多会妨碍身体活动，财富太多则会妨碍灵魂活动。

## 十三日　谈境遇

君子求诸己，小人求诸人。

——孔子

当你对自己的境遇感到不满时，有两种方法可供选择：一种是设法改变你的生活状况，一种是设法改变你的精神状况；由于前者往往很难做到，所以你不妨试试后者。

——爱默生

## 十四日　勿参与暴行

暴行经常披着蛊惑人心的外衣，尤其是以国家或者民族的名义施行的集体暴行，更是毒害了千千万万的人。

权势者大凡都相信，唯有凭借暴力，才能控制民众，才能维护现有秩序；所以，他们大凡都倾向于使用暴力。其实，要维护现有秩序，通过适当的舆论引导要比使用暴力更为有效。

## 十五日　破除虚妄

真理的胜利虽伴有困难和痛苦，但真理一旦战胜虚妄，便再也不会失败。

——叔本华

摆脱虚妄就是信奉真理；换言之，识破虚妄就是彰显真理。虚妄之有害在于把虚妄当真理的人迟早总会陷入困境。

## 十六日　怀疑反而巩固信仰

怀疑并不破坏信仰，反而有利于信仰的巩固。

怀疑神的存在并为此而感到痛苦的人，其实并没有背离神；只有那些对神的存在或者不存在毫不关心的人，才真正背离了神。

## 十七日　谈土地私有

把土地当作私有财产是不义之举。

分割土地并将其作为私有财产的行为绝对不是从人类的自然关系中产生出来的，而是历代侵略战争和掠夺行径的产物。因而，土地私有是极度无理和极度野蛮的，是人类合理使用自然资源的最大障碍，也是改善社会和改善人类生活状况的最大障碍。

——亨利·乔治

## 十八日　生活的本质

生活的本质不在于肉体，而在于精神。

人们之所以常常感到困惑是因为他们往往把自己的肉体误认为生活的本质所在。然而，你应该知道，生活的本质是精神的，而非肉体的；所以，要使精神超越肉体，而不能让精神从属于肉体；不能只过肉体生活，而要尽量生活在精神之中。唯有这样，你才能认识人生的真谛，才能领悟人生的使命而服从神的旨意。

——奥里欧斯

## 十九日　虚伪的信仰

虚伪的信仰无论在过去、现在，还是将来，都贻害无穷。

人们过着恶劣的生活是因为他们不相信真理而宁愿相信虚假的东西。

仅仅抛弃虚伪的信仰还不够；要使世界变得不再虚伪，还要确立真正的信仰。

## 二十日　努力以结善果

人易行恶，亦易招恶。行善不易，招善亦不易，尔等须多多勤勉为是。

——佛陀

唯有一心想过善的生活并为此而努力的人，才有可能得到善的结果。

## 二十一日　自由与思想

我们无法防止鸟从我们头上飞过，但我们可以防止鸟在我们头上筑巢。同样，我们无法防止邪念从我们心中掠过，但我们可以防止邪念在我们心中驻足。

——马丁·路德

思想就像客人，初访时有点陌生，但只要我们表示欢迎，它就会屡屡来访。

感情往往不受意志控制，但思想却能制约感情；某种思想会激起某种感情，某种思想则会抑制某种感情。

## 二十二日　对“永恒”的信仰

人人生来就有对“永恒”的信仰。

身体不是灵魂之家，只是灵魂暂住的客栈。

——印度格言

当我们意识到永恒时，我们也就听到了神的声音。

## 二十三日　人无法知道一切

我们不可能最终达到“真知”，只能不断接近它。

当今的知识虽比以往多得多，但知识是无穷的，所以当今的知识仍微乎其微。

使真正聪明的人感到高兴的不是他知道了什么，而是他知道了什么是他不知道的。

——罗斯金

## 二十四日　人不是肉食动物

如果说人不是生来要被老虎吃的，那么羊就更不是生来要被人吃的。老虎是肉食动物，人还不是，那就更加没有理由吃肉了。

## 二十五日　谈杀生

有生之物皆知惜生而惧死，尔等既为有生之物，故切勿杀生！

——佛陀

教育并不只是教人读读写写；如果没有教人以对万物的仁爱之心，教育也就不成其为教育。

——罗斯金

## 二十六日　道德上的努力

道德上的努力需要持续不断，因为肉体的诱惑是持续不断的；精神上的修炼一停止，随即就会为肉体所左右。

对自己所拥有的能力不经常使用，就会忘记自己拥有这种能力。

——马罗里

## 二十七日　勿论断人

论人之短是人的一种癖性，不知道其害处的人是改不掉这种癖性的；但有些人明知其害处，还是觉得其乐无穷，那就是邪恶了。

判断别人时，即便明知其恶，也不要予以恶评。若不知其善恶，千万不可人云亦云。

## 二十八日　受暗示的行为

受人暗示的行为有善也有恶，但在我们社会，这种行为大多是恶行。只有凭自己的良心做出的行为才有可能不是恶行，遗憾的是这种行为少而又少，还不及前面那种行为的千分之一。

一旦意识到自己的行为不是出于自己的理性思考，也不是听从自己的良心呼唤，而是受了别人的暗示或者影响，那就立即停止这种行为，并静心想一想别人的暗示或者影响究竟是善的，还是恶的。

## 二十九日　战争的愚蠢与疯狂

除了灾祸和恐怖，战争的另一恶果就是人心被扭曲。任何军事行动和军备活动其实都没有正当理由；如果说有人在振振有词地为战争辩护，有人相信战争是必要的，那只能说明人心已被扭曲。

总有一天，世人会醒悟过来，会发现有许多比互相攻击更为重要的事要做，因为人类的共同敌人是贫困、愚昧和疾病；人类应该齐心协力去战胜这些可怕的敌人，而不应该相互为敌。

## 三十日　在孤独中倾听神的声音

人在孤独时会听到神的声音，而且越感到孤独，越能听到神在呼唤。

# 十 月

## 一日　圣人不怕无知

圣人不怕无知，也不怕疑难和反省，但怕以无知为知。

知识是无穷的，摄取知识的能力却是有限的；人死并不是因为没有空气，而是因为人丧失了呼吸空气的能力。

——马罗里

## 二日　永恒与暂时

筐子里有的是面包，但缺乏信仰的人却在为明天吃什么而烦恼。

——《犹太法典》

生命是永恒，也是暂时的；当我们努力工作时，应视生命为永恒，而当我们待人接物时，则应视生命为暂时。

## 三日　不可贪财

贪财是真正的贫穷。

——塞涅加

要想不为贫穷而苦恼有两种方法：一是增加自己的财富，一是减少自己的欲望。前者往往不是我们想要做到就能做到的，但后者却是我们有能力做到的。

## 四日　自己的缺点

只有知道自己有缺点的人，才能宽容他人的缺点。

我的孩子啊！如果有人毁谤你，不要太介意，就把它当作不值一顾的小事。但是，如果你毁谤了他人，那就不能把它当作小事而原谅你自己。你必须悔过，必须求得他人的原谅。

——《犹太法典》

## 五日　勿责难他人

群恶之，必察焉；众好之，必察焉。

——孔子

我们的烦恼往往是这样引起的：不知自责，却一味地指责他人。

——马罗里

即使你非要指责他人不可，也不要在背后说，最好是当面责备，而且要尽量避免争吵，以免他人对你产生恶感。

## 六日　疾病

忽视身体健康无异于自我虐待，过度重视身体健康也无异于自我虐待。

心灵的疾病比肉体的疾病更常见，也更难治疗。

——西塞罗

## 七日　神不是偶像

神不是供我们祈求和谄媚的偶像，而是我们在生活中为之努力的理想。

## 八日　贫与富

在贫富悬殊的社会，人们很容易成为权势者的俘虏。穷困潦倒的人毫无反抗能力，富有的人则为财富所累而变得谨小慎微，毫无创新精神。

——亨利·乔治

财富就如肥料，分散开来可以使土地肥沃，集中起来则会腐烂而发出恶臭。

## 九日　生存法则

认识生存法则的人，精神自由的人，对生与死都会泰然处之。

无论命运把你抛到何处，只要认识生存的法则，你就能认识自身的本质、生命的价值和自身的力量所在。世上的名利毫不足道，重要的是你要保持心灵的纯洁与身心的和谐。

——奥里欧斯

## 十日　不可轻视小事

别人认为无足轻重的小事，你就加以轻视——没有比这更不利于道德的自我完善了。

大多数人以为，要改变自己的生活就必须做某种异乎寻常的事情，殊不知最大的改变是改变自己的欲求，而要改变自己的欲求，就得从平凡的小事做起。

## 十一日　虚荣之可笑

虚荣的人其实并不看重自己，而是看重别人对他的看法；反之，真正看重自己的人是不虚荣的，因为他有自信心，并不在乎别人对他有何看法。

有虚荣心的人一开始可能会给人这样一种感觉，好像他很关心别人，但当别人知道他这么做是为了让别人更来关心他时，他的行为就显得滑稽可笑了。

## 十二日　摆脱社会习惯

“我应该按我自己的想法而不是按别人的想法来做人。”——这无论在物质生活中还是在精神生活中都是一条重要原则。但要遵守这一原则却非易事，因为在你周围总有那么多人认为他们比你更懂得做人。所以，你活在世上很容易随大流。虽然孤独一人时谁都不得不自己解决问题，但真正了不起的人却能在人群中保持独立性。

——爱默生

盲目迎合社会习惯不仅会抹杀你的个性，还会浪费你的时间和精力；因为要遵守某些习惯，你就不得不按别人的想法去做某些你本来并不想做的事，结果把你自己想做的事情倒给延误了。更为严重的是，你若把自己宝贵的精力大量浪费在那些微不足道的事情上，很可能会在身心两方面都受到伤害。

## 十三日　国家暴力

无知者总以为国家是神圣的，但对于觉醒者来说，国家的神圣不过是统治者制造的一种幻觉而已——为了维护这一幻觉，他们甚至不惜使用暴力。暴力虽然古已有之，但以国家名义施行的暴力却是近代的产物。这种暴力从本质上说和野蛮人的暴力并没有什么不同；所以，觉醒者拒不承认所谓的“国家”，更不认同以国家名义施行的暴力。不仅如此，他们还要以非暴力的方式消除包括国家暴力在内的一切暴力。

## 十四日　艺术的使命

现代艺术应担负起这样的使命，即：把“人类唯有和睦相处才能共同幸福”这一真理从理性领域引入感情领域，用神的王国——即爱的王国——取代现在这个充满暴力的世界。

真正的艺术不是颂扬征服者的祭坛，而是呼唤人类之爱的歌坛。

## 十五日　个人的使命

个人的使命，就是审视和把握自己的心灵，并从中唤起对神和对他人的爱。

正义的种子埋在土里，有了阳光和水，就会生根、发芽；不义的种子埋在土里，有了阳光和水，只会枯萎、腐烂。

——《犹太法典》

## 十六日　神在每个人心里

若在痛苦时审视自己的内心，很快就会发现神在你心里，而当你发现神在你心里，即便痛苦不会变成喜悦，也会变得容易忍受了。

一个人若感觉不到自己心里的神，并不说明神不在他心里，而只能说明他尚未领悟神在人心里的道理。

## 十七日　宗教意识的变化

只要有人就有神，人和神必然共存；但是，人和神的关系却不是一成不变的。实际上，和过去的人和神的关系相比，我们现在和神的关系更为亲近；因此，不能用过去来衡量现在，而应该用现在来衡量过去。

人类的宗教意识是不断变化着的，但只会越变越清晰，越变越纯正。

## 十八日　把握现在

过去已不复存在，未来还没有出现，我们面对的总是现在。所以，只有把握现在，生活才是自由的、神圣的；只有把握现在，人的聪明才智和善良意志才能得到表现。

如果你有善意或者爱心，那就不要放过现在这一刻，马上就表达出来，因为我们永远不会生活在未来。

## 十九日　生活的意义

如果一个人随时准备接受生活的启示，他就会清楚地看出生活的意义；反之，如果一个人冥顽不灵或者固守陈规，那么生活对他永远是默默无言的，他也永远不会明白生活有何意义。

一个人能找到自己该做的事情就是幸福；不必叫这个人再去寻找别的幸福了；他既然有他该做的事情，生活也就有了意义。

——卡莱尔

## 二十日　人生是一种奉献

一个人若能领悟到人生是一种奉献，也就是要尽自己的义务，甚至要作出牺牲，那么这个人也就真正领悟了人生的真谛。

有德者做好事不图回报。统驭万物的天神可不现身，人却不可背弃亲善之道。知善而多多行善，人之为人才不虚妄。

——《罗摩衍那》

## 二十一日　心灵的安宁

情欲、恐惧和烦躁使人的心灵失去安宁，就如暴风雨使湖面不再平静。

生活在理性之光里的人，世上的一切都不会使他们绝望，因为他们既没有良心的痛苦，也没有孤独、寂寞之感；他们过着高尚而平静的生活，既不回避他人，也不追随他人；他们既不为自己的肉体费心，也不为自己的灵魂担忧；即使面对死亡，他们也从容不迫；因为他们的心灵平静如水，只求与这个世界和谐相处。

——奥里欧斯

## 二十二日　自私与傲慢

自私是傲慢的根源；傲慢是自私的流露。

食物变质会膨胀，会发出难闻的气味；人变质也一样，会自高自大，自我吹嘘。

## 二十三日　良心的命令

良心！是的，只有良心才是善恶的可靠裁判者，只有良心才能使人接近神，只有良心才能证明人的至高本性。除了良心，没有什么东西能表明人高于动物；没有良心，人就失去了最初的判断力，失去了理性的基础，结果只能陷入可悲的境地——从一个错误转向另一个错误。

——卢梭

不做违背良心的事，不说违背真理的话——这样你就能坦然地面对人生。人活在世上不能得过且过，而要听从良心的命令，始终和你信奉的原则——即神的原则——保持一致。

——奥里欧斯

## 二十四日　同情他人

即使是正当的愤怒，只要想一想“那人做出这种事其实也很可怜”，你自然就会平息下来——这是最好的息怒方式，因为就如水能灭火，同情能息怒。

——叔本华

只有设身处地体验到别人的痛苦，才能真正同情别人。

## 二十五日　认识他人的价值

当我们感悟到他人的生活和我们的生活并没有什么两样时，我们也就感悟到了神。

——马志尼

只有充分认识了自己，才能认识他人的价值；只有这样，一个人才会在任何情况下都能尊重他人而不至于得不到他人的尊重。

## 二十六日　面对人生的疑惑

有人说：“人生是一步步走向死亡的痛苦过程。”这是事实。为了不使人生变成毫无价值的嘲笑对象，我们应该这样想：人活在世上的时间有长有短，但人生的意义却不是由时间的长短来决定的。

## 二十七日　宗教与理性

宗教虽不是理性的，但真正的宗教却不能违背理性。

不管假宗教家们怎么说，我们认定真正的宗教绝对不能违背理性；我们有信仰，但仍需用理性的眼光来看待一切。

## 二十八日　不幸是人生的试金石

疼痛是肉体的自我警告，有助于肉体的自我保护；同样，苦恼是精神的自我警告，有助于精神的自我保护。

只有在风浪中才能充分体会航海的滋味；只有在炮火中才能充分理解战争的残酷；只有在陷入困境或者遭遇不幸时，一个人才会充分认识到自己的勇气。

——丹尼尔

## 二十九日　邪恶的教唆

没有头脑的人往往自己不会思考而听从邪恶的教唆，这等于把自己的心灵奉献给别人，而把自己的心灵奉献于人，比出卖自己的肉体还要低贱。

## 三十日　谈自私

超过一定限度的自私就成了一种精神病，最严重的可称为“自私狂”。

自私之极的人过的是一种完全背离神的生活，这种生活甚至还不及动物生活，而我们所努力的是要摆脱动物生活，逐渐进入具有神性的生活。

对极端自私的人也要以仁爱之心来感化他们，尽管这是难而又难的。

## 三十一日　抛弃陈腐思想

固执而陈腐的所谓“传统思想”，是人们认识真理的最大障碍。

过分尊重传统，也就是过分尊重不合时宜的制度、法规或者习俗，比不尊重传统更加有害。

# 十一月

## 一日　谈谦虚

企者不立，跨者不行。自见者不明，自是者不彰，自伐者无功，自夸者不长。其于道也，曰：余食赘行。物或恶之，故有道者不处。

——老子

人越有自知之明，越觉得自己微不足道，对神也就越虔敬。

——印度格言

## 二日　名誉与行为

太注重他人的赞赏会使你变得没有主见，因为他人是凭他们自己的看法来评价你的。你可能会说："我只求好心人的赞赏。"但你所谓的好心人，不就是赞赏你的人吗？

行善而想获得他人赞赏，若首先是为了行善，那也无妨；反之，若首先是为了获得他人的赞赏，那就无异于行恶了。

## 三日　人为的法则

唯有神的法则是永恒不变的，因而由人制定的法则必须和神的法则保持一致才能长期有效；否则，任何人为的法则都不会长久，即便想用暴力来维持也无济于事。

仅靠某种理论是无法真正解决社会问题的，关键要有一种宗教情感，也就是要超越个人或者团体的利益，对他人的苦难抱有同情之心；换句话说，首先要有正义感，因为不管怎样的社会问题，归根结底都源自社会不义。

——亨利·乔治

## 四日　真理无须争论

真理是明摆着的，无须争论；只要感悟到真理，你自会接受，而大多数的争论与其说是为了阐明真理，不如说是为了混淆是非。

把握真理而又能保持沉默的人，才是真正强而有力的。

——康德

## 五日　思想在于认识真理

思想是为了认识真理；错误的思想，也就是不透彻的思想。

你想寻求至真至善吗？那就要多思多想，要让灵魂之眼看到神圣之光。

——印度格言

## 六日　不苛求他人

苛求他人是愚蠢的，在任何情况下都应避免，因为这对人对己都有害。

严于律己，宽以待人。

——中国格言

人人都有缺点，他人的缺点往往就是我们自己的缺点；既然如此，我们还有什么权利苛求他人呢？

## 七日　死是一种变化

死是另一种生活的开始。

——蒙田

当死亡来临时，我们就会像走出客栈一样离开这个世界；要知道，我们在这个世界上生活只是生命的一个阶段，而且是一个很短暂的阶段。

——西塞罗

## 八日　唤醒心中的神

我认为，相信神的存在就是相信自由意志的存在，同时相信真理的存在，而要认识神，则要凭我们的心灵。这种心灵的认识是不能用理性来取代的；换言之，仅靠理性而没有心灵的感悟，要想认识神是极其困难的。

想到神，实际上就是想到我们自己的心灵，因为神就存在于我们的心灵之中。

——柴宁

敬神是好的,爱神更好,但最好是能唤醒自己心中的神。

## 九日　关于死

作为动物的人,固然怕死,但作为理性的人,却能克服自己的动物本能而从容地死去。

你并不知道自己是怎么来到这个世界的,只知道生来就是这个样子,所以当你来到这个世界后,走到人生的半途就想在此停步,不愿往前走了。因为再往前走就是死,而死是什么,你一无所知。但你不是也不知道你是从何而来的吗?既然你不知道自己从何而来,最后还是来了,那么尽管你不知道自己将走向何处,最后还是要向那里走去,怎么可能停下来不走呢?既然你不知道自己为什么要生而觉得生是幸福的,那你又有什么理由觉得死是不幸福的?你不是同样不知道自己为什么要死吗?

## 十日　精神之无限

人在世上的所见所闻和所思所虑,无不源于人的精神。

宇宙本身并没有生命,是人的精神赋予了宇宙以生命。既然宇宙是无限的,那么人的精神也是无限的。

## 十一日　道德完善

所谓人生之道,就是道德的自我完善。

### 十二日　强者顺从自然

天下莫柔弱于水，而攻坚强者莫之能胜。以其无以易之。弱之胜强，柔之胜刚，天下莫不知，莫能行。

——老子

背离自然者，必遭自然背离；顺从自然者，必得自然顺从。践踏自然者，终成自然之奴隶；热爱自然者，终成自然之主宰。

——《犹太法典》

### 十三日　不可自满

人有向善的天赋，但必须努力才能将其发挥，因为上帝虽把向善的天赋给了人，却要人自己把它表现出来。

——康德

对自己感到不满，是实现美好生活的必要条件；只有永不自满，才能永不停歇地自我修炼。

### 十四日　最重要的知识

认识人生的法则，是人生的头等大事；引导人生走向完善的知识，是最重要的知识。

——斯宾塞

知识的重要性不在于知识的多少，而在于意义的大小；所以，我们必须认清，哪些知识最重要，哪些知识不太重要，哪些知识是无关紧要的。

## 十五日　虚假的幸福

财迷心窍的人以拥有财富为幸福，然而迷恋于财富必玷污心灵，而真正的幸福又需纯洁的心灵去感受——可见，这样的幸福只是一种虚假的幸福。

人们为赚钱比为自身精神修养而花的心血，不知要大多少倍；然而，真正使人感到幸福的东西却无法用钱买到，只能在自己的内心寻找。

——叔本华

## 十六日　信仰的力量

真正的信仰不仅能使个人产生坚定的生活信念，而且能在群体中产生巨大的凝聚力，从而有利于社会改革。

人活着或多或少都有信仰，问题是信仰什么。一个人的信仰越是接近真理，就越有幸福感；反之，一个人的信仰越是远离真理，就越会感到不幸。没有信仰人其实是无法活的，或者说，他活着的时候就已经自杀了。

## 十七日　过去和未来

过去和未来是不存在的——有谁活在过去？有谁活在未来？活着的人都活在现在。所以，既不必为过去烦恼，也不必为未来担忧，只要为现在而活就可以了——只活在“今天”！只要你每一个“今天”都活得很充实，你的一生就是充实的。

如果你为过去而烦恼，或者为未来而担忧，那就想一想，你是活在现在，应该为现在着想。如果你把注意力全部集中于现在，那么不仅过去的烦恼和未来的担忧会自然消失，你还会体验到一种前所未有的喜悦，一种自由自在的感觉。

## 十八日　走出“小我”

若要洁身自好，勿与狡猾之人争辩，勿与贪婪之人合伙，勿与愚昧之人交往，勿与好妒之人共事。

——东方格言

真善往往出自不知不觉，也就是只有当一个人走出“小我”而融汇于他人之中时才能做到。

## 十九日　害人者必害己

正直的人应该如此生活：不做任何损人利己的事情，也不会以恶报恶。如果有人无缘无故地憎恨你，那就设法消除这种憎恨；如果你因此而憎恨他，那倒反而给了他憎恨你的理由，结果真的无缘无故地使自己陷入了困境。要知道，对恶人最好的处罚是：用你的善心使他感到羞愧而无地自容。

恶人在害人之前就已经害了自己。

——奥古斯丁

## 二十日　坚持信仰

忍耐到最后的人总能得救，可惜大多数人太容易绝望，稍有不利就会退缩。

虚假的信仰一经迫害就会被人放弃，真正的信仰只会因遭到迫害而更加坚定。

## 二十一日　每天的善行

早上醒来要自问，今天该做什么好事；晚上睡前要自问，今天做了什么好事。

——印度格言

所谓善行不是指不寻常的大事，而是指每天都要做的小事。

——帕斯卡

## 二十二日　培养与建造

培养不同于建造，因为建造起来的东西总不会长久，总会倒塌或者陈旧，而培养起来的东西却会不断生长，既不会倒塌，也不会陈旧。

## 二十三日　生命的奥秘

只有从未感知到生命奥秘的人才会说："世界上没有什么事情是人不能理解的。"

试图理解不可理解的事物，不如进一步理解可以理解的事物。没有比试图理解不可理解的事物更容易使人误入歧途了，因为这不仅会浪费人的精力，最后还会使人丧失信心；如若硬说自己理解了那些不可理解的事物，那就等于犯了欺骗之罪。

## 二十四日　慈悲为怀

当你对别人生气或者怀有敌意时，你显然忘记了"四海之内皆兄弟"——你把兄弟当作敌人了。你会因此而害了你自己，因为当你失去善意而与人为敌时，你已失去人类善良的本性，变成了一只伺机扑向猎物的野兽。

——艾皮科蒂塔斯

慈悲为怀，制怒而乐施于人；如此，圣人之道近矣。

——佛陀

## 二十五日　战争之罪

如今，人们虽已认识到战争不但无益，而且是疯狂而残忍的，但世界仍无法摆脱战争，因为人们对战争的认识只是表面的，还没有真正从心底里厌恶战争。

战争是杀人行为，而不管是多少人一起干的，不管以什么名义，不管怎样为之辩解，杀人总是世上最严重的罪行。

## 二十六日　一根蜡烛点燃千根蜡烛

一根蜡烛会点燃另一根蜡烛，不久就有一千根蜡烛被点燃；同样，一个人的善心会激发另一个人的善心，不久便有了千千万万颗善心。

当心，不要损害你的同伴！更要寻觅和尊重那些善良的同伴。

## 二十七日　不为情欲所支配

当你受到情欲支配时，千万不要以为情欲是你自身的一部分；其实，情欲是由外界的诱惑引起的，你若受它支配，就等于舍弃了自己的灵魂。

## 二十八日　对永恒的领悟

生命不会因为肉体的死亡而消失；死亡只是生命形式的改变而已。

生命永恒的意识是人心固有的，只有当恶的意识缠绕我们时，我们才会失去这种意识。

## 二十九日　仇人之言

仇人之言有时比友人之言更加有益，因为友人总是原谅我们的过错，而仇人总是在找我们的过错。所以，要时刻警惕不犯过错，仇人之言不可不听。

## 三十日　土地是人类共有的财产

良心告诉我们，土地不可买卖。神是为了让他的孩子在土地上居住和劳作，才给了他们土地。所以，只要是劳作之人，就有使用土地的权利。

——《利未记》

原先，也就是在制度和法律形成之前，土地属于所有的人；也就是说，当初所有的人都有使用土地的权利——在一个人的出生地是如此，在他的迁徙之地也是如此；只要一个人栖身在哪里，他在哪里就有这种权利。

——康德

# 十二月

## 一日　女性的使命

不论是男性，还是女性，所要遵守的道德是一样的；也就是说，两性都要知节制、讲正义、有善心。不过，在女性方面，这样的美德还带有一种独特的女性美。

不应由丈夫选择妻子，而应由妻子选择丈夫。做妻子的若想为自己的孩子选择一个好父亲，首先要知道什么是善，什么是恶——这是女性的首要使命。

## 二日　勿杀生

勿杀生，不仅仅指人，而是指一切有生之物。这一戒律其实在《圣经》出现之前就已经存在于人心中了。

## 三日　艺术的使命

要有新发现，而不是重复已知的事物，才会有新思想；同样，要对生活有新的感受，才会有真正的新艺术。

错误的、不必要的知识应由正确的、必要的知识所取代；同样，幼稚的、邪恶的、卑贱的情感也应由成熟的、善良的、高尚的情感所取代——艺术的使命就在于此。

## 四日　神在每个人心里

请记住，每个人心里都有神，因为神是生命的源泉；所以，敬神、爱神就是敬重人心、爱护人心。

——艾皮科蒂塔斯

哪怕是世上最可怜、最贫弱的人也同样具有神所赋予的某种能力；尽管这种能力从表面上看似乎微不足道，实质上却是很独特、很有用的，如果得到发挥，同样是对人类的一种贡献。

——罗斯金

## 五日　理性批判

如今是批判的时代，一切都要经受理性的批判。不管宗教多么神圣，法律多么威严，也同样要经受理性的批判；否则，人们就会怀疑宗教的神圣和法律的威严，因为唯有经得起理性批判的宗教和法律才值得人们尊敬。

——康德

不必担心理性批判会破坏传统，其实理性并不具有破坏力，它只是要以“真”代替“假”，如此而已。

## 六日　谬误的害处

仅仅是无知还不至于变得邪恶，唯有谬误才是邪恶的根源；

一个人没有知识固然会犯错，但这并不可怕，因为有知识的人会纠正其错误；可怕的是以不知为知，也就是谬误，它不仅使人犯错，而且难以纠正——这就成了邪恶。

——卢梭

抛弃谬误意味着一个人有所得，而非有所失；意识到某种想法是虚假的，即意识到某种想法是真实的；谬误不仅使他人遭殃，还会使谬误者本人深受其害。

## 七日　一粒麦子落在地里

我实实在在告诉你们，一粒麦子落在地里，若不发芽，永远是一粒；若发芽，它自己消失了，却会结出许多粒麦子来。保全自己生命的，必丧失生命；牺牲自己生命的，反倒能得到永生。

——《约翰福音》

何必为"变"感到恐惧？世上的一切不都是由"变"造成的吗？"变"是大自然的本质所在。没有柴的"变"，水就烧不开；没有米的"变"，你就没法吃。活在这个世界上，不外乎就是"变"。既然"变"是不可避免的，我们就得顺应万物之"变"。这样才不至于有悖人性。

——奥里欧斯

## 八日　人生的本质

死亡和痛苦之所以被视为不幸，乃是因为人把肉体视为人生的本质。当人把自身降为动物时，免不了就会害怕死亡和痛苦；但是，如果人把精神视为人生的本质，即把生活看作是精神不断超越肉体的过程，死亡和痛苦就不再那么可怕了。因为死亡只是肉体的死亡，痛苦也只是肉体的痛苦；因为对于摆脱了肉体困扰的精神来说，死亡是不存在的，痛苦也是不存在的。

——康德

## 九日　关于爱国主义

在世界各国必须和平相处的今天，过分宣扬爱国主义是不合时宜的，甚至是错误的，因为要人们只爱自己的国家，即意味着要他们随时准备攻击或者防范其他国家，而现在的世界潮流却是各国都在致力于经济、文化，乃至于道德等方面的相互融合。

爱家和爱国都是人的自然本性，但若超过一定限度，爱自己的家人而不爱邻人，爱自己的国家而不爱他国，那么无论是爱家还是爱国，都不是善，而是恶。

## 十日　恶是可以消除的

“大家都这样！”——这是生活中最大的诱惑，也是大多数人最大的不幸。

世上本没有恶，恶全都是我们自己造成的，因而我们是有能力将其消除的。

## 十一日　农耕最符合自然

你和你的孩子们辛勤耕作所得的食物，是世上最好的食物。

——穆罕默德

农耕最符合自然，最适合于人，也最能给人以幸福。

## 十二日　以善报恶

面对太阳，火把会暗淡无光；同样，面对善，即便是真和美也会顿失光彩。

——叔本华

消除恶的最好方法是以善言回答恶意，以爱心对待恶行。

## 十三日　信仰表现于行为

我的弟兄们！若有人说他有信仰，却没有行为，那有什么用处呢？这信仰能救他吗？若是你们的兄弟姐妹赤身露体，又饿着肚皮，你们只是对他们说，愿你们吃得饱，穿得暖，却不给他们所需的东西，那有什么用处呢？

——《旧约·雅各书》

重要的不是听其言，而是观其行。

## 十四日　人神合一

人神合一即意味着神在我们心里；17 世纪有位诗人说得好：“我看神和神看我，用的是同一双眼睛。”

——埃米尔

不管遇到什么事，只要你想到神就在你心里，那就什么都不用怕了。

## 十五日　真理是自明的

只有谬误才需要人为灌输，真理是自明的，甚至都不需要解释。

错误总是一时的，而且需要维持；真理是长久的，自古以来就是如此，它不需要维持而总能排除种种疑惑，战胜一切虚假。

## 十六日　彼此相爱

要改善目前的社会制度，唯有使人彼此相爱才有可能。

用和谐取代混乱、用宽容取代敌视、用爱取代恨的时代必将来临，因为人人心中都明白，混乱、敌视和恨，无论在精神生活中，还是在肉体生活中，无论对个人，还是对社会，都是有害的，甚至是致命的；同时，人人心中也都明白，和谐、宽容和爱是幸福的前提和保证，无论在个人生活中，还是在社会生活中，莫不如此。当然，要让这样的时代到来还需我们的努力；换句话说，这是我们的责任。

## 十七日　生命的融合

认为个体可以离开群体而生存的想法是肉体生活造成的一种错觉。在精神生活中，所有的生命都是融合在一起的，彼此不可分离，因而唯有将自己视为有赖于群体而得以生存的一分子，一个人才能在其精神生活中保持平静和愉悦。

## 十八日　做自己该做的

在参与社会改革时，不管你做的事多么不显眼、多么微不足道，只要对社会有好处，你就要做，因为许许多多不显眼的小事加在一起就会成为大事；所以，即使没有人和你合作，甚至没有人注意到你，你也要做自己该做的事。

## 十九日　幸福伴随善的生活

一个人若能以心灵的成熟为其生活目的，那就不会有任何不满和怨恨了，因为不满和怨恨往往就是心灵不够成熟的表现。

——帕斯卡

默默地行善，不要刻意让人知道你在行善。只要你行了善，即使你自己把它忘了，它也会给你回报——至少，你会有一种幸福感。

## 二十日　教会的邪恶

教会的邪恶纵然会使实现天国的希望变得渺茫，但基督的真理终能驱散乌云而使天日重现。

我发现了一种新的宗教，那就是相信个人心中的神性，相信每个人的内心深处都有向善的愿望，相信人人都能做到行善而不求回报；简言之，这是一种相信个人生来就有神性而无须教会指导的宗教。

## 二十一日　祈祷的作用

人越是意识到自我，越是感到孤独，到了自我意识的最高处，还会因孤独而感到苦恼。若想摆脱这种苦恼而放弃自我意识，那是愚蠢的做法，因为没有自我意识就是愚蠢；睿智的做法是在此时祈祷，借助于祈祷，人既能停留在自我意识的最高处，又不会因此而感到孤独。

只有两种人不祈祷：一种是彻底为世俗欲望所支配的人，他们想不到祈祷；一种是完全献身于神的人，他们用不着祈祷。对于一般人来说，或多或少都需要祈祷，因为世俗欲望和宗教感情在他们内心发生冲突，谁胜谁负还悬而未决。

## 二十二日　社会制度的基础

社会制度是建立在人的感情之上的，而不是理智的产物。文化问题主要是道德问题，如果没有诚实、义务感和对他人的爱，也就是没有道德感，那么任何社会制度都难以维持。

——埃米尔

无政府主义并不是说不要社会制度，而是说不要那种以强权和暴力来维持的社会制度，因为唯有建立在普遍人心之上的社会制度才是合理的。

## 二十三日　博学和睿智

博学和睿智往往难以兼得。博学者虽然知之甚多，但他们的大部分知识不是没用，就是不可靠；睿智者虽然知之不多，但他们的知识却很可靠，而且是他们自己和别人所需要的。

## 二十四日　精神的成长

大部分人都活在忙乱之中，一人独处时就会感到烦躁和无聊。然而，只有在平静的孤独中，人的精神才会成长。耶稣基督说："你们要独自在房间里祈祷。"因为在平静的孤独中，由于远离尘世的嘈杂，我们才能聆听到神在我们内心发出的声音，从而获得精神力量。

——马罗里

## 二十五日　真正的慈悲

真正的慈悲是隐而不露的，而且是自我牺牲的。

富人的万盏灯不如穷人的一盏灯，因为穷人的一盏灯发出的是真正的慈悲之光。

## 二十六日　儿童教育

人在儿童时代获得的印象最为强烈，因而为儿童写的书一定要有利于他们日后的生活；否则，书读得再多也没用，甚至有害，如果这些书是空洞的，甚至是荒唐的。

教育孩子，最重要的是为他们树立好的榜样。首先，你自己必须过善的生活，至少要做些努力；你自己越能过善的生活，对孩子的教育效果也就越大。

言教不如身教。

——中国谚语

## 二十七日　教会的虚伪

自从教会宣称自己是“神的代表”以来，教会便成了不可侵犯的权威，教会的决议似乎比人的良心还要神圣——这样的教会，从一开始起就是虚伪的。

教会里的人是看不出教会的真面目的。

## 二十八日　抽象知识

知识——抽象的知识——它的最大价值就在于我们能把它传达给别人，从而供所有人一起讨论。唯有如此，知识才有其重要性。

——叔本华

## 二十九日　战胜暴力

只要世上存在暴力，战争便会反复出现。一种暴力固然能战胜另一种暴力，但要战胜所有的暴力，显然就不能靠暴力了，只能靠非暴力。

如果我的士兵都懂得思考，那就一个士兵也不会留在战场上了。

——腓特烈大帝

## 三十日　四海之内皆兄弟

我们在精神生活中都是兄弟姐妹；人和万物是同根同源的，因而息息相通；人是可以不断接近神而臻于完善的；我们每个人的心里都有神性，因而神永远和我们同在——所有这些，我们都领悟了吗？若真能领悟，人和人，人和万物，也就能真正自由地结合在一起了。

## 三十一日　时光流逝

过去已不复存在，未来还没有到来，现在是不复存在的过去和尚未到来的未来之间的一个瞬间，而人就活在这一瞬间。

“时光流逝”是习惯说法；其实，时间是无限的，无所谓流逝；流逝的是我们自己！

**图书在版编目(CIP)数据**

托尔斯泰365天人生格言/(俄罗斯)托尔斯泰编著;魏潜编译.—上海:文汇出版社,2015.3
ISBN 978-7-5496-1370-0

Ⅰ.①托… Ⅱ.①托… ②魏… Ⅲ.①托尔斯泰,L.N.(1828～1910)-格言-汇编 Ⅳ.①K835.125.6

中国版本图书馆CIP数据核字(2015)第007267号

---

**托尔斯泰365天人生格言**

编　著/〔俄〕列夫·托尔斯泰
编　译/魏　潜

责任编辑/陈今夫
封面装帧/一　平

出版发行/文匯出版社
上海市威海路755号
(邮政编码 200041)
经　销/全国新华书店
排　版/南京展望文化发展有限公司
印刷装订/江苏省启东市人民印刷有限公司
版　次/2015年3月第1版
印　次/2015年3月第1次印刷
开　本/850×1168　1/32
字　数/130千
印　张/6.375

ISBN 978-7-5496-1370-0
定　价/18.00元

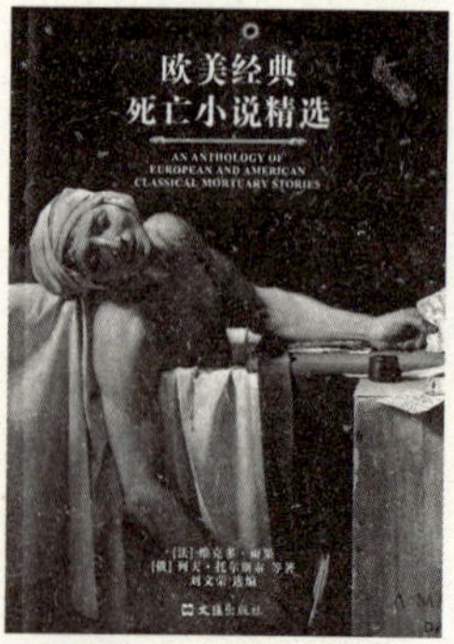


**《欧美经典死亡小说精选》** **刘文荣选编**

**定价：35 元**

爱与死被认为是文学的永恒主题，更是欧美小说的常用题材，所以死亡小说和情爱小说一样引人注目。这类小说往往通过主人公临终时的心理描写，或回顾人生，或感叹人生，沉思“生之虚空，死之冷酷”，读之令人感慨万千。本书所收小说均出自欧美经典作家之手，如[法] 维克多·雨果的《死囚末日记》、[俄] 列夫·托尔斯泰的《伊凡·伊里奇之死》等，均为脍炙人口的名作。

**《欧美经典悲情小说精选》** **刘文荣选编**

**定价：35 元**

悲情小说，或写爱情悲剧，或写亲情悲剧，读之令人惆怅。令人悲伤，但惆怅、悲伤之余，又令人感悟，令人超脱，可谓高级艺术享受。

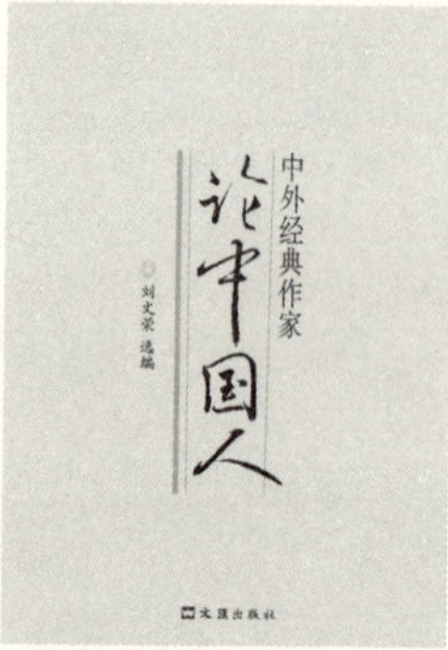


**《中外经典作家论中国人》** **刘文荣选编**

**定价：48 元**

本书收集 27 位中外经典作家的 42 篇论中国人的文章，分“外国篇”和“中国篇”两个部分。“外国篇”收有康德、黑格尔、托尔斯泰等 16 位外国经典作家的 18 篇文章；“中国篇”收有梁启超、胡适、鲁迅、沈从文等 11 位中国经典作家的 24 篇文章。这些文章，较全面地反映了三百年来西方人的中国观，以及近百年来中国人的自我认识。

**《伍尔夫读书随笔》(精)**

**［英］弗吉尼亚·伍尔夫著**

**刘文荣译**

**定价：28 元**

怎样读小说？怎样读诗歌？读书有何价值？书里有两种女人？有没有女性莎士比亚？女性写作生来有局限？托尔斯泰的小说好在哪里？《简·爱》和《呼啸山庄》有何缺陷？……如果你对这些问题感兴趣，那就听听弗吉尼亚·伍尔夫——“20 世纪最佳女作家”——如何说。

**《毛姆读书随笔》(精)** **［英］W. S. 毛姆著**

**刘文荣译**

**定价：28. 80 元**

读书是求知，还是消遣？小说家该不该讲故事？畅销书一定是好书，还是一定是坏书？狄更斯为何会写出《大卫·科波菲尔》这样感人的书？巴尔扎克是怎样一个人？这和他写《高老头》有关系吗？为什么说托尔斯泰的《战争与和平》是最伟大的小说？读哲学书、宗教书有意义吗？能让我们懂得生活吗？……如果你对这些问题感兴趣，那就听听大作家毛姆怎么说——或许，你会深受启发。

**《经典作家谈书与读书》** **刘文荣主编**

**定价：25 元**

本书为文选，共选入中外 18 位经典作家的 22 篇谈书与读书的文章，论述精辟，风格多样，读之既获教益，又是美文欣赏。所选作家中，外国作家 12 位，均是历代大师，如：培根、蒙田、叔本华、爱默生等；中国作家 6 位，皆为近现代名家，如：梁启超、胡适、鲁迅等。